Dieter Kronzucker

USA

Auf neuen Wegen
durch die Neue Welt

Dieter Kronzucker

USA

Auf neuen Wegen
durch die Neue Welt

NAUMANN & GÖBEL

USA – Auf neuen Wegen durch die Neue Welt

© Naumann & Göbel Verlagsgesellschaft mbH in der
VEMAG Verlags- und Medien Aktiengesellschaft, Köln
Co-Autorin (New York): Susanne Kronzucker
Redaktion: Joachim Schwochert
Gesamtherstellung: Naumann & Göbel Verlagsgesellschaft, Köln
ISBN 3-625-10550-0

INHALT

STERNFAHRT
AMERIKA

Auch das Gestrige an Amerika befördert seinen heutigen Reiz: Der guterhaltene Chevrolet Impala aus dem Jahre 1964, den ich vor einiger Zeit erworben habe, stammt aus einer Ära, als weder Benzinpreise noch Parkraumprobleme die Autokonstrukteure in ihrer Arbeit beeinflußten. Der alte Postkasten ist hier nicht nur ein Symbol für den amerikanischen Nationalstolz; er zeigt zugleich auch einen Aspekt des American way of life.

Bevor das Wort »Rallye« in Mode kam, benutzten wir Deutsche den – meiner Ansicht nach – viel schöneren Ausdruck »Sternfahrt«. Aber so ist das mit der Mode, beziehungsweise mit den Trends: Halbwüchsige sind heute Teenager und später Twens. Sie können sich als Yuppie geben oder in Gangs aufgehen. Übrigens, Skinheads sind sie nur bei uns.

In der Sprache sind wir den Amerikanern ausgeliefert: Da steht schon längst »o.k.« für in Ordnung, auch »Hit« für Schlager, »fit« für sportlich, »Action« für Tat, »News« für Nachrichten, »Flop« für Mißerfolg und »T-shirt« statt Unterhemd. Das Amerikanische ist in unseren Sprachgebrauch eingegangen, genauso wie der American way of life – die amerikanische Lebensart – in unser alltägliches Leben.

Entsprechend leicht fällt es uns auch, von Deutschland aus Amerika einzuordnen: Wolkenkratzer, Time is money, Blumenkinder, Aids, Broadway, Hollywood, Sex and Crime, Cowboys, Football, Jeans und Jazz, Musical und Quiz, Supermacht und Slums.

Bei näherem Hinsehen wird dieses Bild Amerikas aber unscharf – je näher, desto unschärfer. Amerikanische Probleme sind nicht eindeutig, sie kommen immer in Gegensatzpaaren daher, zum Beispiel unermeßlicher Reichtum und grenzenlose Armut, zum Beispiel die besten Universitäten und die größte Bildungsmisere, zum Beispiel Heldentum und Heimtücke. Die Linie zwischen bewundernswert und erbarmungswürdig zieht sich wie eine Zickzackkurve durch die Geschichte und die Gegenwart der Vereinigten Staaten.

Mit den Außenansichten ist es einfacher als mit den Inneneinsichten, Gott sei Dank.

Vom Atlantik bis zum Pazifik, von der mexikanischen bis zur kanadischen Grenze entfaltet Amerika Naturwunder und Wunderwerke der Technik in einer Kombination, die Besucher aus aller Welt anzieht und in Staunen versetzt. Ihnen vor allem gilt unsere »Rallye«, oder auf gut deutsch, unsere Sternfahrt.

Am nächsten ist uns die Ostküste, sehr englisch in Neu England, sehr spanisch in Florida, sehr deutsch in Pennsylvania. Die Engländer haben in die Hügellandschaft malerische Dörfer gebaut, die besonders vor der Herbstlaub-Kulisse glänzen, und auf die Küstenfelsen Villen gesetzt, die an Zahl und Pracht in Europa nicht ihresgleichen finden.

Die Spanier haben den Süden mit ihrem Baustil geprägt, den auch die Touristensilos von heute nicht verdrängen konnten. Der hispanische Nachschub aus Kuba hat zudem die Küche Floridas reicher gemacht.

Der amerikanische Starfotograf Fred J. Maroon präsentiert seine Lieblingsland- schaft: den unberührten Nordwesten der USA (Bild links).
Die USA wurden von aller Welt besiedelt. Aber die Taufpaten der Nation sind Eng- land und Spanien. Ihre Einflüsse sind nach wie vor präsent: Ein Dorf in Neu- england (oben). Die spanische Mission El Alamo in San Antonio/Texas (unten). Und so bunt wie das Herbstlaub ist die Völkervielfalt.

Amerika ist keine Nation, sondern eine Welt. Das Spektrum der Gegensätze ist immens. Und die schiere Größe der USA scheint immer gegenwärtig, ob im buntgewürfelten San Francisco (oben), bei den US-Football-Meisterschaften – großspurig World-Championship genannt – (unten) oder auf den scheinbar endlosen Feldern, wo, wie hier, die Baumwolle reift (Seite 11).

Die Mennoniten aus Krefeld und die Gefolgsleute von Jacob Ammon, die Amish, haben in Pennsylvania die Zeit angehalten. Sie fahren keine Autos, sondern Pferdewagen. Sie lesen die Bibel bei Kerzenlicht. Sie bestellen die Felder mit Hacke und Pflug und bauen biologisch an.

Die bunte Mischung der Menschen ist die eine Attraktion der Ostküste, die andere besteht aus den Stein und Stahl gewordenen Visionen ihrer großen Erfinder, von den gewaltigen Brücken bis zu den himmelsstürmenden Städten.

Am fernsten liegt Kalifornien mit seinem steten Zuwandererstrom aus Asien. Die Chinatown von San Francisco ist die größte Amerikas, und das Koreanerviertel von Los Angeles schluckt jedes Jahr ein paar weitere Straßenzüge. An der Eliteuniversität Stanford sind die Japaner die fleißigsten Studenten, und den Servicebetrieb der Gesellschaft dominieren die Filipinos.

Sie sind asiatische Farbtupfer auf einer eigentlich mexikanischen Landkarte. Denn die Latinos waren vor all den anderen Einwanderern da. Seit die Indianer »verschwunden« sind, gelten sie als die Eingeborenen. Latinos auch haben die Kette der Missionen errichtet, die Kalifornien durchzieht und ihren Städten die Namen gab. Die Angloamerikaner, die Yankees, aber haben die kalifornische Traumlandschaft so geformt, wie wir sie kennen und oft lieben: Hollywood und Golden Gate, Sunset Strip und Fisherman's Wharf.

Am fremdesten schließlich ist uns das eigentliche Amerika, die Tiefe der Nation: Kansas, Nebraska, North- und Southdakota, Oklahoma oder Iowa und auch Arkansas, bis aus diesem Bundesstaat ein amerikanischer Präsident erwuchs. Dabei ist Oklahoma das Land des roten Mannes, sind die Dakotas ein Kleinod der Natur und produzierten Iowa und Kansas Getreide für die ganze Welt.

Der alte Mississippi-Raddampfer – er weckt eine Fülle an Erinnerungen: Von Tom Sawyer und den anderen Figuren des »Flußpoeten« Mark Twain bis zum Blues der schwarzen Sklaven, die die einstige Schlagader der Nation als »Ol´ Man River« besungen haben (oben). Chicago am Michigan-See – vor 120 Jahren bei einem Großbrand in Asche versunken – heute die kühnste Skyline Amerikas (Seite 13).

Dieses Herzland der Nation wird eingerahmt von den Rocky Mountains im Westen und dem Mississippi im Osten. Die Rockies sind das Rückgrat Amerikas, und der große Strom ist die Schlagader. Der mächtige Gebirgszug findet eigentlich nur dort unser Interesse, wo er in die sogenannten Mesas und Buttes zerbröckelt, in Hochplateaus und Felspfeiler – Kulissen für die Filmindustrie.

Der »Ol' Man River«, wie die schwarzen Sklaven den Mississippi einst besangen, zieht den Besucherstrom meist nur an seinem Anfang und seinem Ende an. Die Hauptstadt des Flußanrainerstaates Illinois ist Chicago, sicherlich die amerikanischste unter den Metropolen. Die USA sind überall bunt gemischt, aber nirgendwo haben sie sich auf einen so gemeinsamen Lebenswandel und Baustil geeinigt.

Von einem auch in Amerika besonderen Flair ist New Orleans, die Stadt vor der Mündung des großen Flusses. Hier bestimmt Frankreich den Grundton, Spanien setzt den Kontrapunkt; hier erkennen sich die Südstaaten mit ihrer Pflanzerherrlichkeit wieder und geben die Schwarzen den Rhythmus an.

Bei einem Thanksgiving Dinner sagte mir meine Tischnachbarin Maria von Braun einmal: Amerika sei wie ein Pfannkuchen, nur außen schön knusprig. Sie war allzulange mit ihrem Ehemann, dem Raketenforscher Wernher von Braun ins Landesinnere verbannt. Inzwischen aber hat das für so lange Zeit langweilige Hinterland einen gewaltigen Sprung nach vorne gemacht, wurde von den Großstädten und dem technischen Fortschritt erfaßt, ist in den alles umfassenden Datastrom eingeflossen, der diese Nation immer mehr zusammenbindet. Die Amerikanisierung Ameri-

Der Grand Canyon, die tiefste Schlucht der Welt. Die Felswüste des Wilden Westens prägte nachhaltig das Bild, das wir uns von Amerika machen.

kas ist in vollem Gange. Sie hat lange genug auf sich warten lassen, denn ... Amerika ist vor allem weit. Natürlich ist es auch hoch wie die Wolkenkratzer oder das Gewinnstreben und tief wie der Grand Canyon oder die Frömmigkeit. Aber die Weite beherrscht die anderen Dimensionen, sie sind eher notwendige Ergänzung. Wenn man zum Beispiel Höhe gewinnt mit Hilfe der technischen Leistungen des amerikanischen Ehrgeizes, wird diese Weite erst sichtbar – vom Renaissance-Tower in Detroit, vom Jumbo über Nordamerika oder in der Satellitenübertragung. Wenn man in die Canyons steigt, kommt Ehrfurcht auf vor der gewaltigen Einöde, aber auch vor der Überwindung der Einsamkeit durch die Zivilisation.

In den krassen Gegensätzen der Landschaft und der Gesellschaft des Wilden Westens entstand das Bild von der Oase in der Wüste. Das ist die Vorstellung, die viele Amerikaner haben für das Verhältnis ihrer Nation zum Rest der Welt. Nirgendwo aber auch ist Amerika so wenig Schmelztiegel geworden wie in den Wüsten und Bergen des Südwestens. Die Hopi-Indianer, wohl das älteste Volk auf dem Boden Nordamerikas, grenzen ihre kleinen Stadtrepubliken in der Painted Desert fast hermetisch ab. Die Pensionäre im riesigen Swimmingpool von Phoenix bleiben unter sich. Mit dem Recht der Eingeborenen bleiben die Mexikaner von Arizona und Texas eine geschlossene Gesellschaft. Und die Gründungsidee der

englischen Vorväter vom heiligen Gewinnstreben hat sich hier am stärksten verwirklicht. Bei den Mormonen in Utah ist Geldvermehrung nicht nur moralisch, sondern der oberste Ausdruck der Frömmigkeit. Ihre Tempel in der Wüste machen deutlich, daß Amerika in einem spirituellen Raum wohnt, in dem der Abstand zwischen Himmel und Hölle weiter zu sein scheint als im Abendland.

Diese Nation ist ja auch aus einer Idee geboren, der Vorstellungskraft ihrer Gründungsväter. 1776 ist das Geburtsdatum der Unabhängigkeitserklärung, 1815 gewinnen die Amerikaner das letzte Gefecht im zweiten Krieg gegen England – die USA sind frei!

Schon 1823 verkündete Präsident Monroe die Doktrin: Amerika den Amerikanern. Das war aber nicht nur eine Abwehr gegenüber Europa, sondern auch eine Abfuhr gegenüber dem anderen Amerika. Bolivien kommt von Bolivar, dem Befreier; Kolumbien kommt von Kolumbus, dem Entdecker. Länder und Vergangenheiten, die nicht einmal ins Unterbewußtsein der Yankees als mögliche Mitamerikaner gerieten. Und wir Europäer haben uns diesen Ausschließlichkeitsanspruch auf den Namen Amerika von den Yankees aufzwingen lassen.

Wenn wir uns allerdings eine Vorstellung von Amerika machen, dann sind das weder Monroe-Doktrin noch Washington, noch Bürgerkrieg. Dann ist es das Land der unbegrenzten Möglichkeiten und der grenzenlosen Weite. Und wenn die Amerikaner je in Gefahr waren, der Größe ihres Landes zu unterliegen, dann dort, wo es am wildesten und am weitesten ist – im Wilden Westen.

Der Scout und der Cowboy, der Fährtensucher und der Mann im Sattel wurden zu Helden des ausgehenden 19. Jahrhunderts und später in ihrer Darstellung in Wild-West-Filmen. Der Spürsinn und der Starrsinn der Pioniere wurden sprichwörtlich. In der feindseligen Weite entstand auch jene Wagenburg-Mentalität, die bis heute in Amerika nachhält. Vor dem Angriff verschanzen sich die Pioniere hinter ihren Conestoga-Wagons, und aus der Verteidigung heraus gewinnen sie schließlich die Schlacht. Ihren Zug nach Westen aber kann niemand aufhalten. Aus der Defensive heraus haben die Vereinigten Staaten auch die Vormacht in der Welt errungen.

Der Cowboy stellt das Sinnbild des Pioniers dar, der die amerikanische Wildnis bezwingt und sich in seinem Eroberungsdrang durch nichts aufhalten läßt. Auf der Strecke blieben die indianischen Ureinwohner, die heute in Reservate zurückgedrängt sind.
Der Kratersee in Oregon (Seite 16 oben) und der Bryce Canyon (Seite 16 unten) vermitteln einen Eindruck der Weite, die heute eher romantische Stimmungen beflügelt, für die Pioniere hingegen ein bedrohliches Hindernis darstellte.

Amerika ist vor allem weit – die Überwindung der gewaltigen Entfernungen ist die größte Leistung des amerikanischen Pioniergeistes.
Mehr als ein nostalgisches Relikt sind die Sporen, wie sie der Vaquero, der Vorgänger des Cowboys, trug.
Kein Wasser und keine Schlucht haben dem Ingenieurgeist der Amerikaner widerstanden. Attraktive Beispiele sind die Golden Gate Bridge (Seite 19 oben) und die Bay Bridge (Seite 19 unten) in San Francisco.

Die Trucker verstehen sich als die wahren Erben der Cowboys.
Die Eisenbahnen haben die Verbindung des Atlantiks mit dem Pazifik geschaffen. Rund einhundert Jahre dauerte ihre Herrschaft.

Daß sie noch lieber kaufen als kämpfen, beweisen die letzten Errungenschaften der riesigen Nation. Im Louisiana-Purchase kaufen sie den Franzosen ein riesiges Stück Amerika ab. Im Gatsby-Purchase wechselt ein riesiges Stück Mexiko den Besitzer. Den Russen wird Alaska abgekauft und Panama ein Stück Kanal. Dann erst machte sich Amerika daran, die Entfernungen in der immensen Nation zu überwinden. Es ist nur rechtens, daß es Amerikaner waren, die den ersten Luftsprung der Welt taten, die Gebrüder Wright in North Carolina. Die Eisenbahnen wurden zwar hier nicht erfunden. Aber das Wettrennen der Eisenbahngesellschaften in Richtung Westen hat weltweit Geschichte gemacht.

Keine Nation besitzt mehr Schiffe pro Kopf und keine mehr Automobile. Die Amerikaner sind Meister in der Fortbewegung, nur nicht zu Fuß. Sie gehen nicht spazieren, sie fahren spazieren: Cruising heißt das in den USA. Bei der Überwindung der riesigen Entfernungen spielt das Tempo eine merkwürdig untergeordnete Rolle. Time is money – nur für einen winzigen Ausschnitt der Bevölkerung. Cruising ist Trumpf – im geräumigen Automobil mit 88 Stundenkilometern dahingondeln. In den goldenen fünfziger Jahren entsprachen die Ausmaße der Vehikel noch der Weite des Landes. Aber auch für die Amerikaner ist der Raum nicht mehr unendlich. In den Großstädten sieht man das den Autos inzwischen deutlich an.

Auch die Menschen richten sich auf neue Dimensionen ein. Der Texaner ist nicht mehr unbedingt größer und vor allem viel breiter als der Europäer. Die Masse der Nahrung, einst von Lebensmittelketten der Nation verordnet, macht der Güte Platz. Einen Rückgriff auf die Vergangenheit der grenzenlosen Weite vermitteln allenfalls die Trucks, die riesigen Lastwagen. Die halten sich weder an den neuen Ordnungssinn noch an die Geschwindigkeitsbegrenzungen. Ganz bewußt stellen Produzenten und Fahrer das Ungetüme, den Saurier-Charakter des Trucks, heraus. Wegen der gewaltigen Autostraßen werden ganze Canyons verbarrikadiert oder Schluchten von Menschenhand in die Gebirge gehauen. Vor allem aber schlagen die Amerikaner Brücken, so gewagt und so brillant, daß der Respekt vor der technischen Leistung der Golden Gate in San Francisco oder der Bay Bridge in Cheasepeake Sorge um den Schaden an der Natur verdrängt. Can do – nicht nur was menschlich nötig, sondern was technisch möglich ist.

Amerika – das Land der Superlative: Vom größten Kürbis bis zum höchsten Wolkenkratzer, die Skyline von Dallas (Seite 21).

Es ist, als ob die Amerikaner beweisen wollten, daß sie der Größe ihres Landes würdig sind, daß es kein Größenwahn war, sich so übermächtig einzukaufen. Sie verschönern die Weite oder vergewaltigen sie. Sie können mit der Größe umgehen, sie übersichtlich machen in kleinen Karos. In Los Angeles zerteilen solche Karos in der Form von Hochstraßen die Bevölkerung in Landsmannschaften, reduzieren sie von den Amerikanern zurück auf die Mexikaner, Koreaner, die Reichen und die Armen. Im Mittleren Westen haben sie aus der Steppe unendlich viele grüne Kreise gemacht, gezogen von den Bewässerungsanlagen, die Runde um Runde drehen. Wo der Erfindungsgeist der Amerikaner keine Weite mehr vorfindet, benutzt er die Dimension der Höhe – vertikales Denken, sich über den anderen erheben, die Welt von oben sehen. Das macht die Amerikaner aber keineswegs überheblich. Sie bleiben auf dem Boden der Tatsachen ... und die sind allemal eindrucksvoll, wie unsere Sternfahrt beweist.

*»Ein kleiner Schritt für einen Menschen, ein großer Schritt für die Menschheit!« Die Worte Neil Armstrongs, der 1969 zusammen mit Edwin Aldrin als erster Mensch den Mond betrat.
Sechs Jahre nach Kennedys Tod erfüllte sich ein Traum dieses Präsidenten: Amerikanische Astronauten hissen Stars and Stripes auf dem Mond (oben). Es dauerte dreizehn Jahre, bis mit der Raumfähre Space Shuttle ein neues Weltall-Programm gestartet wurde.*

NEW YORK

METROPOLE DER TRENDS

Im Grunde gibt es nur zwei Möglichkei-
ten: Entweder man liebt New York auf
Anhieb, oder man ist froh, dieses Babylon
der Neuen Welt recht bald wieder zu ver-
lassen. Auf jeden Fall aber ist New York
die weltweit Maßstäbe setzende Metropole
der Trends.

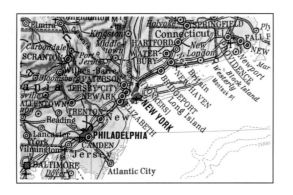

New York ist eine der wenigen Städte dieser Welt, die sich selber gleichen. New York sieht so aus wie die Vorstellung, die wir uns davon machen. Egal ob wir Newcomer sind oder Alteingesessene, egal aus welcher Himmelsrichtung wir kommen, egal ob wir Vorurteile oder Vorliebe mitbringen – in der atemberaubenden Skyline erkennen wir unser Bild von New York wieder. Natürlich bauen die Architekten immer weiter: Rockefeller Center, Empire State, Chrysler Building, World Trade Center – New York von außen bleibt gewaltig, herausragend, versteinert, beeindruckend ... und irgendwie bekannt.

Viele Brücken, Meister- und Kunstwerke allesamt, führen in das Herz der Stadt, nach Manhattan. Aber ich fahre am liebsten durch den Midtown-Tunnel, wegen des Gefühls der sofortigen Ankunft, instant Manhattan, gleich mittendrin, auftauchen und untertauchen. Man kann jetzt einer von den Millionen sein, die New York bevölkern. Es fällt nur der Guck-in-die-Luft als Fremder auf, derjenige, der auch in den Straßenschluchten immer die Skyline sucht. Vorsicht, dieser etwas irre Blick zieht die Straßenräuber an, besonders wenn eine Hand- oder Fototasche locker baumelt.

Ob der Standpunkt erhaben ist, oder ob der Besucher – wie hier vor dem Chrysler Building (links) – die Froschperspektive wählt, die Größe New Yorks ist aus beiden Blickwinkeln atemberaubend.

Fährt man in einem der zwanzigtausend Yellow Cabs, den New-York-typischen gelben Taxen, so hat man mit Glück gleich einen guten Stadtführer am Steuer. Wenn ihm dennoch das Chaos auf den Straßen an den Nerven zerrt, so kann er seinen Gram wenigstens mit dem Kommentar untermalen, es gäbe in New York sowieso nur schrecklichen und noch schrecklicheren Verkehr; wenig Verkehr oder gar kein Verkehr wäre undenkbar. Denn das ist New York von innen: anarchisch, hektisch, energetisch, überwältigend.

Wer zum ersten Mal nach New York reist, den mag die monumentale Architektur des World Trade Centers, die imposante Gestalt der Freiheitsstatue, der Ruf des Metropolitan Museums, der letzte Schrei am Broadway oder das sinnenverwirrende Lichtermeer am Times Square angezogen haben. Beim zweiten Mal ist es dann schon nicht mehr die Erwartung des Reisenden, sondern der Bann, den die Stadt selbst geschlagen hat. Es ist diese ewig starke Anziehungskraft, vor der es kein Entkommen gibt.

Wen mitten in der Nacht die Lust auf einen Einkaufsbummel oder einfach nur der Hunger überfällt, wem der Sinn nach nächtlicher Unterhaltung steht, der ist in »der Stadt, die niemals schläft« bestens aufgehoben. Und nicht nur am Times Square (Seite 27) pulsiert das Leben 24 Stunden am Tag.
Wer in New York nicht U-Bahn fährt, steigt in eines der ›Yellow Cabs‹ (oben), wie die Taxen hier heißen.

»Miß Liberty«, die Freiheitsstatue, die ihre stattlichen 46 Meter mitten im New Yorker Hafenbecken erhebt, ist ein Geschenk der Franzosen. Für zahlreiche Einwanderer-Generationen war die 1886 errichtete Statue der Inbegriff der Selbstbestimmung. An ihr fuhren die Schiffe der Einwanderer vorbei, der Menschen, die ihre europäische Heimat aus politischen, religiösen oder wirtschaftlichen Gründen verließen. Und auch heute noch symbolisiert die Freiheitsstatue den Begriff des »american way of life« – der scheinbar unbegrenzten Möglichkeiten, die nicht durch ein staatliches Gängelband begrenzt sind.

New York ist seit George Washington schon nicht mehr Hauptstadt der Vereinigten Staaten. New York ist nicht einmal die Hauptstadt des gleichnamigen Bundesstaates, dem sie angehört, dafür jedoch ist sie Weltstadt. Kein Besucher muß sich hier als solcher fühlen. New York ist die Stadt der Immigranten in einem Land der Immigranten, die gemeinsam die größte multikulturelle Nation der Welt ausmachen. Hier kann sich also jeder zurecht zuhause, gleichfalls mit Recht in der Fremde fühlen.

New York – seine Überzeugungskraft wirkt nur einmal, beim ersten Mal. Wem New York dann noch nicht zusagt, der kommt entweder nie wieder oder nur unter Zwang.

Die Besucher, die noch vor knapp einhundert Jahren mit dem Schiff in die New Yorker Bucht einliefen, kamen, um nie wieder zu gehen. Amerika war ihre Wahlheimat und New York der einzige Zugang. Ihre Botschaft hallt unmißverständlich in den Worten der Dichterin Emma Lazarus wieder:

»Bring' mir Deine Müden,
Deine Armen,
Deine geduckten Massen, die sich nach Freiheit sehnen ...
Schick´ diese Heimatlosen, Sturmgebeugten zu mir.
Ich erhebe meine Fackel neben dem Goldenen Tor.«

Gleich hinter dem Tor allerdings, liegt Ellis Island, für viele damals der Scheidepunkt. Auf der »Insel der Tränen« wurde entschieden, wer bleiben durfte und wer nicht.

Tausendfach wurde der Stadt der Untergang prophezeit, tausendfach hat sie überlebt. 1975 hat der Präsident Ford New York den Vorschlag gemacht, es solle doch einfach tot umfallen. Der Stadt ging es weder in den Siebzigern gut, noch hat sich daran in den Achtzigern und in den Anfängen der neunziger Jahre etwas geändert. Die kaputten Mauern, die maroden Straßen, die gewissenlosen Gangs, die alleinerziehenden Mütter, die drogenabhängigen Teens, die skrupellosen Politiker, die Abenteurer der Wallstreet und die Amokläufer in den U-Bahnen, kein Verbrechen, das in New York noch nicht begangen worden wäre, keine Sucht, der in New York keiner frönt. Die Nervosität, die diese Stadt beherrscht, der Metropolitan-Tick, schärft noch einmal die Konturen der Kriminalität, macht die Psychiater zu vielbeschäftigten Menschen.

New York läßt Dampf ab: Aus Kanal-
schächten oder Rohren, deren Ursprung
niemand so genau kennt, dringt der –
gerade im Winter so typische – Dampf an
die Oberfläche. Die Stadt, in der über
sieben Millionen Menschen leben, versorgt
ein gewaltiges Netzwerk. Die Abläufe
sind so komplex, daß sein recht reibungs-
loses Funktionieren beinahe unverständ-
lich ist. Doch nicht überall brennt Licht,
fließt warmes Wasser, arbeiten Heizun-
gen – viele New Yorker leben auf der
Schattenseite der Metropole.

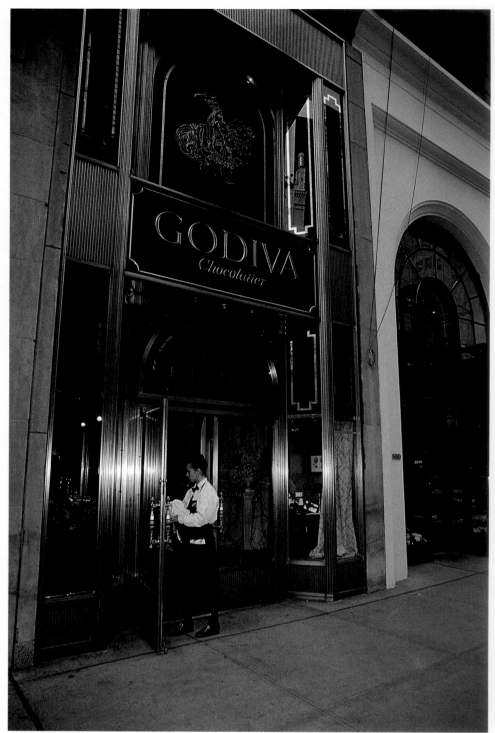

Aber im Winter 1993 ist das große Herz der Stadt geschrumpft, ist die Langmut gerissen, hat New York sich gegen die Toleranz und für Law and order entschieden, für einen rechten, einen republikanischen Bürgermeister, der sich von den Guardian Angels, einer paramilitärischen Freiwilligen-Brigade, schützen läßt.

Aber die Avantgarde, das leichtere Volk, hat die Kunst des Überlebens immer wieder und immer wieder mit Erfolg geübt. Und vor allem, der Glanz dieser Stadt deckt ihr Elend zu.

Wer weiß schon genau, warum er immer wieder zurückkehrt? »Shopping« ist ein allgegenwärtiger Grund, neue Mode, neue Bilder, neue Ideen – alte Möbel, edle Figurinen, Tiffany. Aufregend und nach einer von Aids-Angst vorgeschriebenen Atempause wieder: das Nachtleben, die Discotheken, die Jazzclubs. Dazu kleinere Vergnügen, wie die Sushibars, der neu entdeckte Espressogenuß, die Antiquariate – vor allem Strands' Bookstore. Der Drink im Rainbowroom des Rockefeller Centers, der Blick vom River Cafe in Brooklyn und die unermüdlich schöne Bootsfahrt mit der Circle Line auf dem Hudson.

Die Tempel der Lichtseite von New York: Vor allem im Financial District, rund um Wall Street und World Trade Center (Seite 30 unten), wird das Geld verdient. In den noblen Geschäften an der Fifth Avenue finden sich die Shopping-Gelegenheiten, es wieder auszugeben. Die Gegensätze zwischen Reichtum und Armut werden in kaum einer Stadt sinnfälliger. Jeder kann es schaffen – auch diese Einstellung gehört zum amerikanischen Traum, der weniger die Neider, aber immer mehr Zweifler an der Richtigkeit dieser Idee auf den Plan ruft.

Wer sich allerdings zur echten Faszination bekennt, der wählt einen Magnetismus anderer Art. Sind es nicht die Autoschlangen, die sich wie pulsierendes Blut in den Adern durch die Straßenschluchten bewegen oder gar der ohrenbetäubende Lärm der Hupen und Feuerwehrsirenen? Ist es nicht die unvermeidliche Nähe der vielen tausend Menschen auf den Gehwegen und Kreuzungen, in den Geschäften und Restaurants? Ist es nicht das Gefühl, aufgesaugt zu werden, sich treiben zu lassen mit der Menge, die Hektik mitzuempfinden und die Ruhe des Hotelzimmers im sechzigsten Stockwerk um so mehr zu genießen? Ist es nicht die Gewißheit, daß jeder Trend, wo auch immer er entstanden sein mag, erst Bedeutung erhält, wenn er sich in New York durchsetzen kann? Dann allerdings trägt ihn New York zur Schau. Dann spiegelt er sich in den Gesichtern der Einheimischen, in ihrer Mode, in den Werken der Künstler, den Ausstellungen in den Galerien und in der Szene wider.

New York ist eine ruhelose Metropole. Oasen der Stille bieten bestenfalls die Außenbezirke oder der Central Park. Rundum ist die urbane Geräuschkulisse gewaltig – wer Beschaulichkeit sucht, ist in New York nicht allzu gut aufgehoben. Nach kurzer Zeit nimmt es der New-York-Besucher kaum mehr zur Kenntnis, doch die Feuerwehr scheint in dieser Stadt immer im Einsatz, zumindest sind ihre Sirenen allgegenwärtig.

New York erkunden, das heißt auch, ein unvergleichliches Kulturangebot zu erleben: Im Theater District zwischen 55ster und 42ster Straße finden sich zahlreiche etablierte Bühnen, die mit aufwendigen Theater-, Opern- und Musical-Inszenierungen glänzen. Aber auch in der »Radio City Music Hall« im Rockefeller Center, der Carnegie Hall, in den kleinen Theatern und Jazzclubs in Greenwich Village, in den Galerien und Museen wird Kultur – von Avantgarde bis Unterhaltung – in allerhöchster Qualität präsentiert.

New York läßt sich problemlos erkunden. Das liegt schon an der geographischen Lage und der leicht erfaßbaren Infrastruktur. Die Insel Manhattan erstreckt sich in ihrer Länge nordsüdlich, und so verlaufen auch die Avenues. Ost- und Westseite sind deutlich durch die Fifth Avenue getrennt, und quer zählen die Straßen von eins bis zweihundertundetwas. Downtown ist unübersichtlicher, denn dort gibt´s tatsächliche Straßennamen. Von hier zeigen sich allerdings aus jedem Winkel die Zwillingstürme des World Trade Centers, und das bedeutet, dort ist Süden.

Einzig aus dem Rahmen fällt der Broadway. Der nämlich schlängelt sich nach Belieben durch das ansonsten wohlgeordnete Verkehrsnetz. Der Broadway ist die berühmteste und auch längste Straße der Stadt. Sein Name, der nichts anderes als »breiter Weg« bedeutet, zeichnet ihn damit schon geschichtlich als Hauptverkehrsader aus. 1790 erhielt er seinen ersten Bürgersteig. Heute liegt der wirklich bedeutende Teil des Broadway zwischen der 42sten und 55sten Straße, der sogenannte »Theater District«.

Wer nachmittags noch keine Karten für eines der vielen Musicals hat, kann sich am »TKTS-Zelt« anstellen und für den selben Abend Tickets zum halben Preis erstehen. Ins Musical gehen, bei Sardi's essen, in der neuen Harley-Davidson-Bar gesehen werden oder im Drehrestaurant des Mormonen Mariott über die Stadt schauen.

New York bietet Gegensätzliches in allem: Die Metropolitan Opera (oben) steht für Opern-Aufführungen von Weltbedeutung. Das »Hard Rock Cafe« (unten) hält ebenso, was sein Name verspricht; hier treffen sich die Fans aller Altersstufen. Und auch die Eßkultur läßt in New York keine Wünsche offen. Denn hier gilt wie in allen anderen Bereichen: Vom preiswerten Standard bis zu exklusiver Qualität präsentiert sich die ganze Bandbreite.

Die Männer mit den weißen Hemden, das japanische Hochzeitspaar oder die Pantomime auf der Mülltonne – in seiner Vielfältigkeit ist New York nur sich selbst ähnlich. Hier gibt es beinahe alles, und es begegnet sich meist mit einem hohen Grad an Toleranz. Doch rührt diese Toleranz oft auch aus einer ichbezogenen Wahrnehmung einer Ellbogen-Gesellschaft, die vieles aus ihrem Blickfeld wegschiebt.

Meine Tochter Susanne, die in New York studierte, gab mir so manchen Insider-Tip: Wenn es um die neue amerikanische Küche geht, die übrigens viele altindianische Rezepte enthält, dann das Mesa-Grill auf der Fifth Avenue. Eine neue Kolonie für alte Bücher hat sich an der 16ten Straße aufgetan. Silber gibt's in der 57sten Straße und Lexington Avenue, Blumen in der Avenue of the Americas mit der 23sten Straße; und wer 'mal ein stilles, aber sauberes Örtchen sucht, dem sei die Jugendherberge YMCA auf der 92sten, der Trump Tower auf der 56sten Straße oder das Palm Billiard auf der East Houston Street empfohlen. Mein Lieblingsrestaurant ist das 1993 eröffnete »Russe« auf der 57sten Straße West. Und die Hot Spots am Abend? Sie wechseln so schnell den Besitzer oder die Kundschaft, daß jeder Rat ein Wagnis ist!

So gediegen und elitär die Upper Eastside ist, so temperamentvoll und farbig präsentiert sich die Upper Westside. Dazwischen liegt der Central Park, New Yorks Rücksitz, Ruhepol, Freilichtbühne, Erholungszentrum. Aller Sturm und Drang der Welt da draußen bleibt an den Pforten zurück. Die New Yorker lieben ihren Park. Kostenlose Konzerte der New Yorker Philharmoniker unter der Leitung ihres Dirigenten Kurt Masur oder gar ein Abend mit Luciano Pavarotti haben regelmäßig vierhunderttausend Gäste auf den »Great Lawn« gelockt, auf die große Wiese im Herzen des Parks. Kulturbanause aus Geldmangel muß in New York niemand sein.

Der Central Park, der »Rücksitz« New Yorks, die grüne Oase im geschäftigen Manhattan, ist Amerikas erster öffentlicher Park. 1858 geplant, vereinigt das riesige Areal mehrere Teiche, ein Schwimmbad, einen kleinen Zoo, Eislaufbahnen und Konzertbühnen. Per Droschke kann man sich durch den Park kutschieren lassen, vorbei an Joggern und Rollschuhläufern, an Geschäftsleuten, die kurze Erholung suchen, an Aussteigern, die ihre Ruhe gefunden haben, an kompletten Familienfesten oder an Künstlern auf dem Weg zu den etablierten Bühnen. Denn ganz New York betrachtet den Central Park als sein Erholungszentrum.

Nördlich des Central Park liegt Harlem, das Herz der schwarzen Kultur Amerikas. Harlem ist Legende und Schande zugleich, jedoch voll neuer Hoffnung. Zur Legende gehören der Cotton Club und das Apollo Theater; beide haben heute wieder geöffnet und laden zu Premieren ein, bei denen sich Gäste aus den nobelsten Kreisen gerne sehen lassen. Zur Schande gehören die allgegenwärtige Kriminalität, der Drogenhandel und alle Formen von Gewaltverbrechen. Doch Harlem wird wieder ansehnlich. Hier steht der besterhaltene Gebäudebestand der Stadt. Vor ein paar Jahren noch galt er als verloren, heute ersteigen ganze Häuserzeilen wie Phönix aus der Asche.

Südlich erhebt sich Midtown mit seinen ultramodernen Wolkenkratzern, die nur deswegen in so schwindelerregende Höhe wachsen konnten, weil Manhattan ein Granitfels ist. Erde würde ihre Anzahl und Dichte nicht tragen können. Keineswegs steht in New York der erste Skyscraper, noch ist es der höchste. Ihr Anblick jedoch ist unverwechselbar und geradezu mystisch.

Die 14te Straße markiert die Grenze zu Downtown mit seinem freizügigen und toleranten Soho, dem Trendviertel Tribeca und der Chinesenenklave Chinatown. Die Südspitze Manhattans, der Financial District mit der Wallstreet, gehört nach wie vor zum teuersten Grund, weltweit.

Soho, das steht für »South of Houston Street«, Tribeca für »Triangle Below Canal«. Hier stehen lauter alte und noch immer großenteils verlassene Lagerhäuser aus einer Zeit, in der New York noch nicht viel weiter nördlich bebaut gewesen ist. Vor 30 Jahren bereits und zunächst in illegaler Weise haben sich Künstler in diesen Lofts eingerichtet. Ihnen folgten recht bald auch die Galerien, exquisite Restaurants und edle Geschäfte, die dem Stadtviertel seinen heutigen Ruf verschafft haben. Inzwischen leben in Soho und Tribeca viele Prominente aus dem Show- und Musikgeschäft.

In Little Italy und Chinatown läßt es sich noch immer ausgesprochen gut und ebenso günstig speisen. Wobei die Chinesenstadt wächst und wächst mit dem Zustrom aus dem sich langsam öffnenden Mutterland, während Little Italy zu einer Folklore-Insel geschrumpft ist. Nicht weil die Italiener den Boden an die Asiaten preisgeben, sondern weil sie zu einem Teil des Establishments in New York geworden sind. In diesem Prozeß haben sie sogar die Mafia abgeschüttelt.

Chinatown (Seite 38 und oben) und Little Italy sind zwei stadtteilgewordene Beispiele des Schmelztiegels New York. In kaum einer Stadt der Welt leben so viele Menschen unterschiedlicher Herkunft zusammen, die mit ihren kulturellen Hintergründen das vielschichtige Gepräge der Weltstadt abgeben. Wie beinahe alles in New York sind auch diese Strukturen in Bewegung: Während die italienische Enklave schrumpft, wächst die asiatische. Ähnlich wie der Aufstieg von Soho könnte sich auch Harlem entwickeln; erste Anzeichen deuten darauf hin.

»Wenn du es in New York schaffst, schaffst du es überall«, heißt es in einer populären Hymne an die Stadt. Hinter den Fassaden der Wolkenkratzer herrscht ein gnadenloser Wettbewerb. Das gilt gleichermaßen für die Börsianer der New York Stock Exchange (Seite 41) wie für die Künstler in der Galerienszene der Stadt. Sich hier durchzusetzen, in welchem Bereich auch immer, ist fast gleichbedeutend mit weltweitem Erfolg. Und nur der Trend schafft zumindest in Amerika den Durchbruch, der Bestand vor der kritischen Begutachtung der New Yorker gefunden hat. Nicht umsonst haftet ihnen im Lande der Ruf an, eine besondere Arroganz an den Tag zu legen.

Eine Welt in der Welt stellen die künstlerischen Interpreten innerhalb der Großstadt dar: Zunächst ließ niemand sie als Künstler gelten, die Andy Warhols, Keith Harings und Roy Lichtensteins ... jetzt gelten sie als Klassiker. Warhol, der mit seiner Vervielfältigungstechnik einem modernen Gutenberg gleicht. Haring, der zuerst in U-Bahnen malte, bevor er in die Galerien durfte. Lichtenstein, dem das Guggenheim-Museum eine umfassende Retrospektive gewidmet hat. Mickey Mouse und Marylin Monroe, Coca-Cola-Flaschen und Suppendosen, Graffiti und Comic Strip in die Kunst erhöht. Das Neue von gestern kann aber morgen schon ein alter Hut sein. Der Richter, der darüber befindet, ist der Marktwert, der Dollar.

Im schwergewichtigen Wall Street District hat Geld schon wieder einen ganz anderen Wert. An Wochentagen sind die erhitzten Gemüter hinter den vielen gelassenen Gesichtern sogar gut zu erkennen. Am Abend und am Wochenende hallen lediglich die eigenen Schritte beim Gang durch die Schluchten zwischen den Finanzpalästen.

So leicht wie das Erkunden sein kann, so schwierig ist das Entdecken. Spätestens jetzt wird dem Besucher bewußt, daß New York nicht nur aus Manhattan besteht, sondern auch noch aus vier weiteren Stadtteilen, Boroughs genannt, nämlich Brooklyn, Queens, Bronx und Staten Island. Brooklyn und Queens liegen auch auf einer Insel; Staten Island ist eine solche; einzig die Bronx liegt auf dem Festland. Zwei dieser Stadtteile bieten einen andersartigen, gleichwohl lohnenden Ausflug.

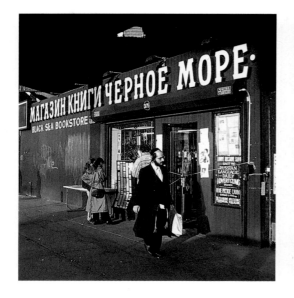

Während Manhattan das Zentrum von Macht und Einfluß darstellt, bildet der New Yorker Stadtteil Brooklyn die sanftere Variante des Daseins. Hier leben orthodoxe Juden ebenso wie russische Emigranten oder indische Sikhs, die das wechselvolle Bild Brooklyns mitprägen.

Brooklyn war vor dem Anschluß an New York City im Jahre 1898 die zweitgrößte Stadt der Vereinigten Staaten. Seitdem ist es lediglich eine Vorstadt und bietet nun die sanftere Variante städtischen Lebens. Sein Charakter ist stark durch das allgegenwärtige Völkergemisch geprägt. Dazu gehören Einwanderer aus der Karibik, Norweger, Haschemiten, Araber und Russen. Sie alle pflegen ihre Traditionen mit Stolz. Zu ihren Festen kommen Besucher aus allen Teilen der Stadt. Ihre Enklaven tragen inzwischen Namen wie »Little Odessa«; ihre Restaurants nennen sich – lateinisch geschrieben dann – »Tripoli« oder »Adnan«. Und dann gibt´s in Brooklyn natürlich die avantgardistische Brooklyn Academy of Music, Amerikas ältestes Schauspielhaus. Das laufende Angebot dieses Kulturpalastes ist das größte und variationsreichste in New York.

Queens – Manhattans Gegenüber – besteht aus so vielen verschiedenen Gemeinden, daß die eine von der anderen lediglich weiß, wo sie liegt. Es ist so provinziell, daß es die Bewohner von Manhattan bereits für Amerikas Mittleren Westen halten. Auch Queens hat zweifellos seine reizvollen Ecken. Finden wird man sie allerdings nur auf gut Glück oder mit guter Empfehlung, denn Queens preist sich nicht an.

New York läßt sich also erkunden, sogar entdecken – erobern allerdings läßt es sich nicht. Wer meint, er habe es geschafft, der komme ein wenig später noch einmal wieder. Es wird alles anders, alles nochmals neu sein.

Auch wenn seine Symbole die gleichen geblieben sind, so hat sich das Tor zur neuen Welt in den Neunziger Jahren abermals verändert. Sein Antlitz ist wieder etwas menschlicher geworden. New York häutet sich von der Überheblichkeit der Achtziger, ist vielleicht wieder auf der Suche nach einer neuen Identität. New York ist eine Stadt im ewigen Wandel mit einem ehernen Äußeren, starkem Herzen und zarter Seele.

Ob man die unvergleichliche Skyline New Yorks betrachtet oder die Reise ins Innere der Stadt, in ihre Straßenschluchten, auf die belebten Plätze antritt – es ist das Erlebnis einer Stadt, von der man nicht Besitz ergreifen kann. New York ist die Stadt des ewigen Wandels; weil sie so vieles in sich birgt, das sich permanent verändert, ist ein touristischer »Eroberungszug« undenkbar. Doch wer die Stadt schätzt, wird jeden Besuch als neuerliche Entdeckungsreise erleben.

BOSTON

DIE DENKSCHULE AMERIKAS

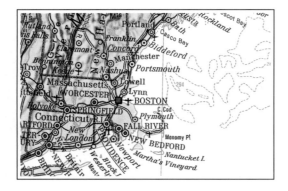

Die Skyline von Boston (Seiten 44/45) läßt die historische Bedeutung der Stadt kaum mehr erahnen. Doch als Spiegel einer modernen Metropole verdeutlicht sie den Wandel, der sich im Laufe der Jahrhunderte vollzogen hat. Dazwischen finden sich immer wieder architektonische Verweise auf die Geschichte wie das Old State House von 1713 (Seite 47).

Mein vorerst letzter Besuch in Boston galt dem Kennedy-Museum. Der berühmte Architekt I.M. Pei hat es wie ein dramatisches Ausrufezeichen auf den Columbia Point gesetzt. Der Blick von dieser erhabenen Position schließt das Meer, den Hafen und die Skyline von Boston ein. Auf seiner kleinen Yacht »Victura« hat Kennedy Erholung auf dem Meer gesucht.

Im Hafen begann die amerikanische Revolution mit der Boston Tea Party. Im Dezember 1773 hatten amerikanische Patrioten, als Indianer verkleidet, englische Teekisten ins Meer geworfen aus Protest gegen die Handelsmonopole Londons. Und die Skyline von Boston erinnert an den jungen Kennedy, der hier seine politische Laufbahn begann und die Bostoner Bankierstochter Jacqueline Bouvier geheiratet hat.

Im Museum sind Ehe, Aufstieg und abrupter Tod des fünfunddreißigsten Präsidenten der USA dokumentiert. Größtes Ausstellungsstück ist ein Segment aus der Berliner Mauer. Ich gehöre zu der Generation von Deutschen, die den Berlin-Besuch Kennedys 1963 hautnah miterlebt und seinen Tod in Dallas im selben Jahr noch aus der Ferne miterlitten haben. In der Tat verdanke ich Kennedy meinen ersten Fernsehauftritt. Weil gerade kein »erwachsener« Redakteur zur Hand war, durfte ich als Volontär Kennedys Triumphfahrt durch Köln begleiten.

Der Anlaß für meine jüngste Visite in Boston war der dreißigste Todestag des John Fitzgerald Kennedy. Bald nach ihm mußte sein Bruder Joseph sterben, übernahm der Senator Edward Kennedy das politische Erbe der Familie. Bis heute gelten die Kennedys als ein amerikanischer Ersatz für die Königsgeschlechter auf den Thronen Europas. John F. Kennedys intellektuelle Leistung war es, der amerikanischen Präsidentschaft Eleganz und Elite verliehen zu haben. Er hat neben dem berühmten Kennedy-Touch die Denkschule aus Boston in die Regierung und die Gesellschaft eingebracht ... natürlich nicht er allein.

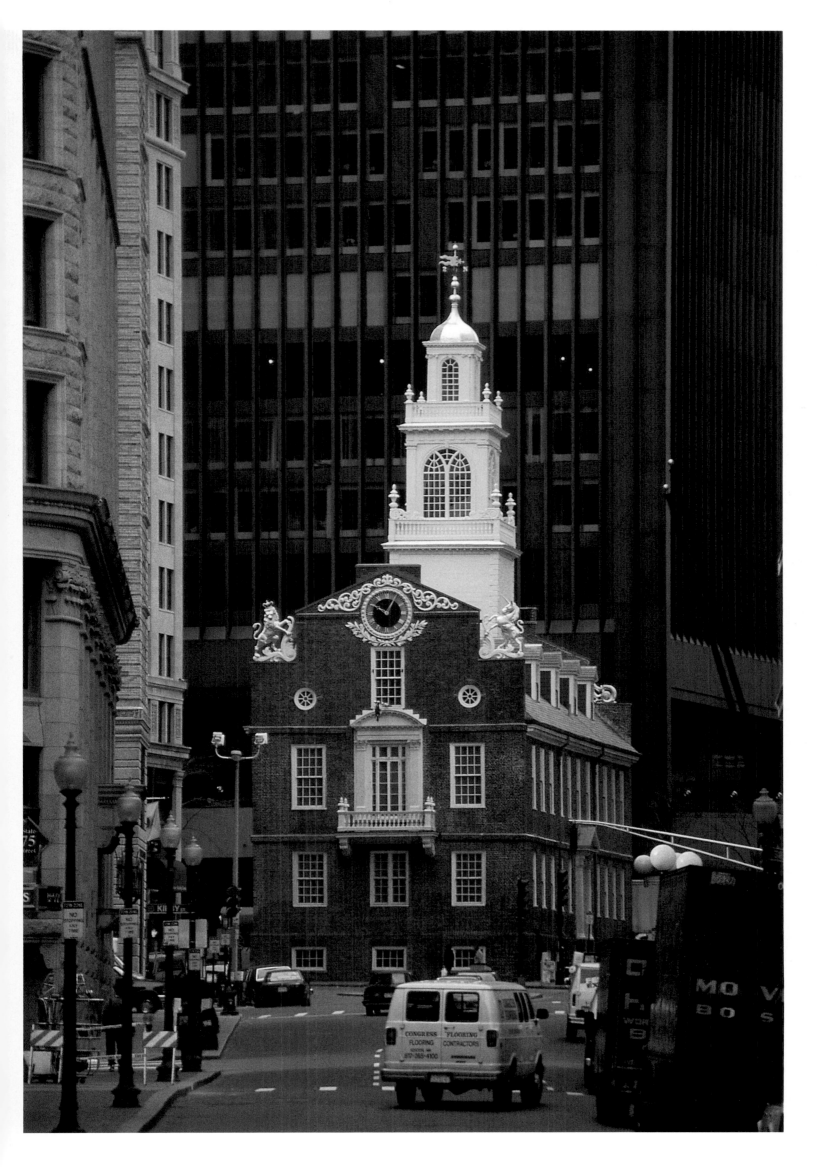

Mit der 1636 gegründeten Harvard University und dem Massachusetts Institute of Technology liegen die besten Universitäten und Karriereschmieden der USA in Boston. Sie haben nicht nur dafür gesorgt, daß sich zahlreiche Betriebe der Hochtechnologie hier angesiedelt haben. Die Studenten aus den unterschiedlichsten Ländern der Erde verschaffen Boston internationales Flair, das sich zum Beispiel im Angebot der Kioske (Seite 49) oder in den Sportwettkämpfen der Universitäten widerspiegelt. In Harvard zu studieren, das dokumentiert man gern auf T-Shirt oder Mütze. Doch längst nicht alle Bostoner sind vom Elitebewußtsein angesteckt; die Harvard-Symbole interessieren sie bestenfalls am Rande.

Die großen Universitäten, die sich in und um Boston gruppieren, sind sich zunächst einmal selbst genug. Yale, Harvard und das Massachusetts Institute of Technology gehören zum Feinsten in Amerika und brauchen keine Fürsprecher. Aber Kennedy hat Politik, Wirtschaft und Wissenschaft in ein engeres Verhältnis gerückt.

Eigentlich liegt Harvard gar nicht in Boston, sondern auf der anderen Seite des Charles River in Cambridge, aber das sind Äußerlichkeiten, denn John Harvard hat 1636 nur etwas außerhalb einen Platz gesucht, um den puritanischen Priesternachwuchs zu schulen. Als 1708 der erste Nichtgeistliche zum Präsidenten der Universität gewählt worden war, wichen die strengen Kleriker nach Yale aus.

Harvard hat 29 Nobelpreisträger hervorgebracht, 27 Pulitzerpreisträger und eine Vielzahl von Poeten, Philosophen und obersten Richtern. Der Leistungsdruck dort ist allerdings so groß, daß tausend und mehr Studenten jährlich »reif« für den Psychiater sind. Wer nach Harvard geht, weiß, daß er einem grausamen Wettbewerb ausgesetzt wird. Schließlich sind die Kosten so hoch, daß Studenteneltern ihren Kindern kaum Muße erlauben. Andererseits finanzieren die »Alumni«, die erfolgreichen Absolventen der Universität, dem begabten Nachwuchs auch ein kostengünstiges Studium. 4,7 Milliarden Dollar hat Harvard über die Jahre gescheffelt. Dahinter folgt Yale mit 2,6 Milliarden, und dann können nur noch die Universitäten von Texas, Stanford und Princeton mithalten.

Der Star unter den Absolventen der letzten Jahre ist kein großer Philosoph oder Politiker – wenngleich auch Clinton Harvard-Absolvent ist –, er heißt Monroe Trout jr. Er hatte 1570 von 1600 möglichen Punkten im Eignungstest erreicht und bis zu seinem dreißigsten Lebensjahr gut 80 Millionen Dollar verdient, mit seiner Begabung und Kenntnis, mit Anlagen und Aktien. Monroe Trout jr. ist zwei Meter groß, und das unter anderem hat ihn auch zu einem der erfolgreichsten Basketballer gemacht in der Universitätsmannschaft.

Denn Harvard produziert »mens sana in corpore sano«, den gesunden Geist in einem gesunden Körper. Jeden Oktober läßt der Ruderachter von Harvard die Sportelite auf dem Charles River hinter sich. Und selbst denen, die ihr Studium nicht beendeten, hat die Eliteuniversität durchaus einiges mit auf den Weg gegeben: Bill Gates, der Gründer der Computerfirma »Microsoft«, zählt zu den jüngsten Milliardären der USA. Nicht einmal vierzig Jahre alt, wurde sein Vermögen auf gut sechs Milliarden Dollar taxiert. Das fehlende Abschlußzeugnis hat er damit allemal wettgemacht.

Das Museum für Schöne Künste (unten), ein Wissenschafts- und ein Computer-Museum, das Museum für zeit-genössische Kunst oder die Bostoner Symphoniker, ein Orchester von Welt-klasse, schaffen in der Stadt an der Massachusetts Bay ein Kultur-Ambiente, das vielschichtige Anregungen bietet. Zwischen den Grabsteinen des alten Friedhofs in Cambridge die Staffelei auf-zustellen, bietet auch den notwendigen Ausgleich zu der überaus anspruchs-vollen Arbeit in einer der Denkschulen.

Trotz seiner Zwänge erscheint die Atmosphäre um Harvard und am benachbarten Massachusetts Institute of Technology eher locker. Das machen die Jogger, die legere Kleidung, die kleinen Restaurants und die Jazzkneipen aus, die den Campus umsäumen. Zum internationalen Flair tragen die Kioske bei, die mit ihren Zeitungen dem Zulauf aus aller Welt gebührend Rechnung tragen.

Mit sieben Prozent Ausländern ist Harvard fast schon eine internationale Universität. Nur sechzehn Prozent der Studenten kommen aus dem Bundesstaat Massachusetts. Die anderen strömen aus allen Teilen der Nation herbei. Die Leitung sorgt dafür, daß immer knapp einhundert »native americans« dabei sind – Indianer. Sie erhalten Stipendien. Harvard ist nicht nur die beste Hochschule im Lande, sondern damit auch ein Modell der gesell-schaftlichen Standortbestimmung.

Selbst bei Studiengebühren von 30 000 Mark im Jahr drängen vielver-sprechende junge Leute nach Harvard und dem Massachusetts Institute of Technology, weil ein Abschluß dort einen sicheren Arbeitsplatz in diesen unsicheren Zeiten gewährleistet. Im Jahr 1992 kamen nur zwanzig Prozent der eine Million Jungakademiker in den USA im Berufsleben unter.

Das hat aber auch damit zu tun, daß viele Universitäten nicht alt, sondern veraltet sind, daß sie nicht der Gesellschaft dienen, sondern den Interessen und Liebhabereien der Fakultät. Die Professoren frönen eher ihren weltabgewandten Hobbies, als den Studenten eine berufliche Perspektive mit auf ihren Weg zu geben.

Die Denkschulen regieren aber nicht nur in Cambridge, sondern auch auf der anderen Seite des Charles River. Das Boston College, die Boston University und vor allem das Conservatorium reichern die intellektuelle Landschaft an. Auch das Hinterland zieht mit, von Dartmouth in New Hampshire bis Amherst in Maine. Die blauen Adern des Wissens und der Lehre machen aus Neu England einen großen Campus. Frauenuniversi-täten wurden schon früh gegründet. Die »Sieben Schwestern« eifern den Brüdern nach; allen voran das Wellesley College, das viel für die Frauenemanzipation getan hat. Ich habe dort zu Beginn der achtziger Jahre einen Film gedreht über den ersten männlichen Studenten. Nach dem neuerlichen Selbstverständnis müssen alle Hochschulen inzwischen »co-ed« sein, »co-educational«, beiden Geschlechtern offen.

Auf eine Tradition seit 1742, als die
Faneuil Hall (oben) gebaut wurde, kann
der gleichnamige Markt zurückblicken.
Die Markthalle diente aber auch 80 Jahre
lang als Rathaus und beherbergt heute
ein Militärmuseum.
Ein Buchladen in einem schlichten Back-
steinbau war das intellektuelle Zentrum
von Boston im neunzehnten Jahrhundert
(links). In dem 1712 erbauten Haus gingen Schriftsteller und Denker ein und aus.
Boston »is very british«: Die europäische
Prägung kommt mit zahlreichen historischen Gebäuden, aber auch mit den
typisch englischen Reihenhäusern (unten)
zum Ausdruck.

Das Studentenleben läßt das altehrwürdige Boston nicht zum Museum
erstarren. Und das frische Blut tut der alten Gesellschaft gut. Auf den
mondänen Parties tummelt sich neben den Kennedys die Elite aus Cambridge und Wellesley, ist die hübsche Professorin Sara Lawrence Light-
foot genauso in wie Joseph Kennedy III., der junge Abgeordnete aus der
neueren Politikergeneration.

Boston ist nicht nur eine studentische, sondern auch eine modische
Stadt. Rund um den Boston Common, den ältesten öffentlichen Park der
Vereinigten Staaten, scharen sich die vornehmen Hotels, das State House
und der Beacon Hill mit seinen großbürgerlichen Häusern und seinem
nostalgischen Kopfsteinpflaster. Die Touristen allerdings zieht es in die
restaurierte Altstadt mit dem Quincy Market, der Faneuil Hall und nach
Northend, wo die Italiener noch heute zuhause sind.

Architekt Benjamin Thompson hat 1976 den Bürgern von Boston ihren
Stadtkern zurückgegeben. Andere Architekten bauten die restlichen
Lücken zu, die der großstädtische Verelendungsprozeß auch Boston ge-
schlagen hatte. Inzwischen kann die Stadt am Charles River nicht nur als
Domäne der Wirtschaft und des Intellekts, sondern auch äußerlich ihre
Rolle als Metropole in Neu England wieder glänzend spielen.

Boston ist eine lebendige Metropole der Neu-England-Staaten. Wenngleich ihre Einwohnerzahl mit gut einer halben Million auch für amerikanische Verhält-nisse eher gering ausfällt – ihr Hinter-land weist ein Potential von über vier Millionen Menschen auf. Neben belebten Plätzen wie dem Quincy Market (oben) beeindruckt die Stadt mit ihren histori-schen Bauwerken, zum Beispiel dem Paul-Revere-Haus (rechts), das – zwischen 1676 und 1680 erbaut – als das älteste Gebäude der Stadt gilt. Von hier aus organisierte Revere die Boston Tea Party und brach zu seinem historischen Ritt nach Lexington und Concord auf.

Die Abschlußfeier der Harvard-Universität ist nicht allein für die Absolventen ein Ereignis: Ganz Amerika hört auf die Worte der Prominenten, die sie den Jung-Akademikern mit auf den Weg geben. Albert Einstein beispielsweise hat dem akademischen Nachwuchs empfohlen: »Versuche, Deine Erkenntnisse so einfach wie möglich darzustellen, aber nicht einfacher.« Ob Bill Clinton oder Bill Gates – wer an dieser Elite-Universität studierte, hat gute Aussichten, an eine der Schaltstellen in Industrie, Verwaltung oder Politik der USA zu gelangen. Und wer es bis zum erfolgreichen Abschluß brachte, hat einige Semester konzentrierter und anstrengender Arbeit unter enormem Druck hinter sich.

Einmal im Jahr hört Amerika auf die Botschaft von Neu England, wenn die besonders bekannten oder bedeutenden Landsleute den Abschlußsemestern ein Wort mit auf den Weg geben. Commencement speeches heißen diese Reden, weil die Examensfeiern nicht nur am Ende des Studiums, sondern auch am Anfang des Berufslebens der nächsten Generation stehen.

Alle vier Jahre hört nicht nur das intellektuelle, sondern das allgemein-politisch interessierte Amerika auf Neu England, wenn in den Aulas der Hochschulen, den Rathäusern und den Gemeindehallen der Kurs der Nation neu bestimmt wird, bei den sogenannten Vorwahlen.

Dabei unterziehen sich die Kandidaten für das Präsidentenamt der Befragung durch die Bürger der Gemeinden zwischen Boston und der kanadischen Grenze. Die erste dieser Vorwahlen findet in New Hampshire statt. In diesem Bundesstaat leben nur 0,1 Prozent der amerikanischen Bevölkerung. Aber eine lange Tradition der Bürgerversammlungen, die auf die britische Kolonialzeit zurückgeht, hat den Eigensinn und das Demokratieverständnis der Leute von New Hampshire geschärft. Die Meinungen, die sie sich über einen Kandidaten bilden, färben auf die gesamte Nation ab.

Die Town Halls von Neu England, wie etwa die des kleinen Städtchens Warren (oben), sind mehr als nur Versammlungsstätte der Bürger: Gerade die Einwohner von New Hampshire haben eine besondere Form des politischen Bewußtseins ausgebildet; ihre Einschätzungen färben auf die gesamte Nation ab.

In den verwinkelten und pittoresken Orten von New Hampshire haben die Einwohner schon oft politisches Schicksal gespielt. Sie haben 1952 den parteilosen Ike Eisenhower, den sieghaften General aus dem Zweiten Weltkrieg, auf den Weg ins Weiße Haus gebracht. Sie haben 1960 John F. Kennedy zum Sieg verholfen. Sie haben George Bush im ersten Anlauf gestoppt und Bill Clinton wegen einer außerehelichen Affäre zum Stolpern gebracht, aber dann doch weiterempfohlen. Die Kandidaten für künftige Wahlkämpfe machen sich hier schon im Vorfeld lieb Kind.

Die sogenannten Primaries, die Vorwahlen, sind aus den Townmeetings hervorgegangen. Früher waren die Gemeinden im Nordosten der USA im Winter abgeschnitten vom Rest der Welt, mußten sich aus eigenen Kräften helfen. Heute noch stellen viele von ihnen ihren eigenen Sheriff und die Stadtreinigung, den Bibliothekar und den Steuereinzieher, die Friedhofsverwaltung, die Schulbehörde und die Feuerwehr. Ein »Moderator« leitet diese Bürgerversammlungen. Phil Moody aus Warren am Rande der White Mountains ist ein solcher Moderator. Die 700 Einwohner von Warren bekommt er bequem in den Bürgersaal, der auch Kino oder Tanzdiele sein kann, je nach Bedarf.

Phil Moody ist überzeugt, daß »die Bürger von Warren sich das Recht auf Selbstbestimmung niemals und von niemandem nehmen lassen werden«. Dieser Lokalpatriotismus ist in den Gemeinden von Neu England für jeden Besucher spürbar. Der Bürgerstolz geht nämlich in die Pflege des kulturellen Erbes. Die Kirchen, Vorgärten, Parks und Denkmäler legen in ihrer Pracht Zeugnis davon ab.

Das Erbe der politischen Vergangenheit bringen die Bürger der Neu-England-Staaten nicht nur zum Ausdruck, wenn sie während der Vorwahlen ihr gewichtiges Votum abgeben.
Wie hier in Montpelier sind zahlreiche State Houses – Parlament und Verwaltungssitz in einem – mit einer goldenen Kuppel versehen: weithin leuchtende Symbole der bürgerlichen Selbstbestimmung.

In Neu England werden Traditionen gepflegt. Und dieses Traditionsbewußt-sein schlägt sich auch – für die Besucher unverkennbar – in der Pflege der Städte und Landschaften nieder. Gegenüber solch facettenreichen Metropolen wie New York oder Los Angeles erscheinen die Städte der Neu-England-Staaten als geradezu beschaulich; Elemente, die das kontrastreiche Bild Amerikas aus-machen.

Der »Indian Summer« ist nirgendwo so farbenprächtig wie in den Neu-England-Staaten. Wenn sich im Herbst die Blätter färben, werden die waldreichen Gebiete zu besonderen Touristenattraktionen. Ob Vermont, New Hampshire oder Massachusetts – die englische Tradition von Bed and Breakfast, der Übernachtung mit Frühstück, die hier entgegen den Gepflogenheiten in anderen Teilen der USA üblich ist, kommt den europäischen Gewohnheiten entgegen.

Das adrette Bild wird zum Farbenrausch, wenn im Herbst die Wälder von Neu England in Gelb und Rot glühen. Es ist vor allem der Ahornbaum, der seine satten Farben in das Herbstlaub einbringt. Das Schauspiel übt inzwischen eine solche Anziehungskraft aus, daß tägliche Meldungen den Urlauber über Leuchtkraft und Intensität der Einfärbung informieren: »The fall peaked in ... – der Herbst hat heute seinen Höhepunkt in ...«

»Indian Summer« nennen die Amerikaner den Herbst, indianischer Sommer – eine Erinnerung an die Ureinwohner, denen der Wald gehörte, bevor die Weißen kamen. Sie haben zunächst von den Indianern viel gelernt und viel übernommen: den Ahornsirup und den Mais, den Kürbis und den Truthahn. Das große amerikanische Familienfest »Thanksgiving« sagt bis heute einen späten Erntedank. Die Indianer selbst haben zumeist den Ansturm oder die »Umarmung« der Weißen nicht überlebt.

Von der Schönheit des Landes angezogen, haben viele Europäer Neu England zu ihrer Wahlheimat gemacht. Der weit-gereiste niederländische Schriftsteller Janwillem van de Wetering, der in Maine lebt, sagte einmal, er sei glücklich, dieses Fleckchen Erde erst so spät kennengelernt zu haben; er hätte es ansonsten wohl nicht mehr verlassen, um zu seinen zahlreichen Reisen in die ganze Welt aufzubrechen.

*Die Pilgerväter, die 1620 mit der May-
flower (oben) an der Küste Neu Englands
landeten, waren die Gründer der ersten
Kolonien. Die schmucken Häuser, die
ihre Nachfahren bauten, aber auch
die Impressionen aus der damaligen
Lebenswelt, die heute für die Besucher
arrangiert werden, verdeutlichen den
Pioniergeist der Pilgerväter: Ihr Fleiß,
ihr Geschick und ihr Ideenreichtum
legten den Grundstein für die rasante
Entwicklung Neu Englands.*

Nicht weit von Boston liegt die Bucht von Cape Cod. Hier landete 1620 die Mayflower mit den Pilgervätern. Sie gelten als die Gründer Neu Englands. Sie haben den steilen Aufstieg aus der rauhen Pionierzeit in die Leistungsgesellschaft angeführt. Die brutale Kraft dieses Vorstoßes hat mit dem »Yankee« ein Sinnbild gefunden. »John Kaes« nannten die Holländer ihre britischen Gegner, daraus wurde Yankee. Der Arzt Thomas Low Nichols aus New Hampshire hat diesen Originalamerikaner so beschrieben: »Der Yankee lernte, bei allem Hand anzulegen, bis dies zur Gewohnheit seiner Rasse wurde. Er ist ständig am Tüfteln, Planen, Schnitzen – mit dem Kopf herauszufinden, was die Muskeln schont oder einen Mann die Arbeit von zwanzig verrichten läßt.«

Die Mittelgebirge im Westen von Massachusetts, die wald- und seenreiche Landschaft aller Neu England-Staaten, aber auch die reizvollen Küstenstriche von Cape Cod, Rhode Island oder Maine bilden einen attraktiven Erholungsraum. Das Land, das die Yankees mit ihrem Erfindungsreichtum erschlossen haben, bietet den Besuchern ein Wechselspiel zwischen ursprünglicher Natur, einem geschichtsträchtigen Umfeld und anregenden Metropolen.

Neu England wurde zur großen Lehrwerkstatt der USA. Die Yankees erfanden hier den Blitzableiter und das Dampfboot, den Elektromotor und die Nähmaschine. Samuel Colt stellte Revolver her, und Charles Goodyear vulkanisierte Kautschuk zu Autoreifen. Sie alle haben Geld gemacht, und das Geld hat sie geadelt, einen Ersatz für Aristokratie geschaffen.

Die Neu-England-Staaten liegen zwar alle dicht beieinander, aber jeder hat seine Spezialität. Die Paläste der Reichen beherrschen Rhode Island, die vielen Fabriken prägen Massachusetts, Maine ist stolz auf seine Häfen und die vielen Antiquariate, New Hampshire auf seine »Roots«, die Wurzeln der Demokratie. Vermont ist das Urlaubsparadies im Herbst – von landschaftlicher Schönheit wie alle Neu-England-Staaten, und noch ein Quentchen mehr – Connecticut noch einmal ein Minikosmos von allem, was Neu England ausmacht. In Boston schließlich hat sich eine Art Denkschule der Nation gebildet ... der englische Nabel der amerikanischen Welt.

DETROIT

FLIESSBAND AMERIKAS

Vom kleinen Handelsposten, den Antoine Cadillac 1701 am Lake St. Clair gründete, bis zur modernen Industriemetropole Detroit sind nicht einmal 300 Jahre verflossen. Inmitten der fünf großen Seen – Superior, Michigan, Huron, Erie und Ontario – profitiert Detroit nach wie vor von seiner geographischen Lage. Der wirtschaftliche Aufschwung setzte allerdings erst ein, als der Ort 1815 mit den Stadtrechten ausgestattet wurde.

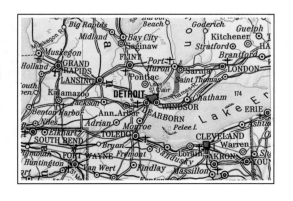

Als die Gletscher in der letzten Eiszeit dies Land im Norden Amerikas freigaben, hinterließen sie fünf große und elftausend kleinere Seen. Viele tragen bis heute die Namen, die ihnen die Ureinwohner gegeben haben, wie der Lake Michigan, was in der Sprache der Algonquin ganz einfach »großes Wasser« heißt. Diese Jäger und Fischer kämpften mit der rauhen Natur und gegen ihre Feinde vom Volk der Irokesen. Dann verteidigten sie sich erbittert unter ihrem großen Häuptling Pontiac gegen die Franzosen, die wiederum mit Antoine Cadillac einen tüchtigen Kolonisator hatten. Wenig später verbündeten sich die Franzosen mit ihren ehemaligen indianischen Feinden im Krieg gegen die Briten. Die damals siegreichen Briten konnten die Indianervölker unter ihrem Führer Tecumseh im Kampf gegen die amerikanischen Patrioten des George Washington einigen, gewinnen konnten sie letztlich nicht.

Das Drama an den großen Seen hat viele Romanciers beflügelt. »Lederstrumpf« und »Der Letzte der Mohikaner« von James Fenimore Cooper, »Tecumseh« von Fritz Steuben, »Auf dem Kriegspfad« von Sophie Wörishöffer und nicht zuletzt die vielen Pelzjäger, Fährtensucher und Trapper, die Karl Mays Fantasiewelt beflügelt haben.

Johann Gottfried Seume, der 1781 als junger Mann hessischen Werbern in die Hände fiel und zwangsrekrutiert wurde für den Kolonialkrieg in Amerika, hat nach seiner Heimkehr ein Gedicht geschrieben mit einer berühmt gewordenen Passage. Er läßt einen Häuptling gegenüber dem weißen Eroberer sagen: »Wir Wilden sind doch die besseren Menschen.«

Die Werbetafeln, typisch für das amerikanische Straßenbild, passen besonders zu Detroit – der Konsument im Auto. Die Kultur der indianischen Ureinwohner, die von den Weißen verdrängt wurden, ist heute auf Motive in der Detroiter U-Bahn reduziert.

In Amerika befahren die Helden der damaligen Zeit die Straßen von heute – als Autos. Sie heißen Pontiac und Cadillac und werden in den Fabriken von Detroit hergestellt, der Industriestadt am Lake St. Clair. Pierre L'Enfant, der auch die Stadtarchitektur von Washington gestaltete, wurde nach einem Großbrand im Jahre 1805 mit der Neuplanung von Detroit beauftragt. Von seiner Idee einer radialen Anordnung der Straßen und Häuser ist jedoch nicht viel geblieben; die industrielle Revolution hat sie mit ihren eigenen Strukturen überwuchert.

In den zweihundert Jahren zwischen der Gründung Detroits durch den Franzosen Cadillac und der ersten Errichtung der Automobilfabriken im Jahre 1900 hatten die Jäger und Fallensteller das Wild dezimiert, die Holzfäller die Wälder gelichtet und die Bergleute die Bodenschätze geplündert.

Dann kam Ransom E. Olds und baute das Oldsmobile, produzierte Henry Ford sein Modell T. Andere folgten nach, wie Louis Chevrolet, Walter Chrysler und die Gebrüder Dodge, heute große Namen aus der Automobilgeschichte. Sie alle machten aus Detroit die Autohauptstadt Amerikas und der Welt.

Die Söhne der Jäger, Holzfäller und Bergleute fanden neue Arbeit. Schwarze aus Georgia, Einwanderer aus Polen, Griechenland und dem Nahen Osten folgten nach. Heute leben in Detroit mehr Polen als in Krakau, mehr Araber als in Aden und mehr Griechen als in den meisten griechischen Städten, das gilt zumindest, was ihre Abstammung angeht. Die Polen arbeiteten für die Gebrüder Dodge und lebten in Hamtrack, einem Stadtviertel, in dem es Krakauer Wurst, Warschauer Brot und polnischen Gänsebraten gibt, dazu – gewissermaßen als Kontrast – Lilli's Bar, der Platz für eingefleischte Rock'n'Roll-Fans.

Schon seitdem die Namen der bekanntesten amerikanischen Autohersteller und Detroit eine untrennbare Verbindung eingingen, ist die Stadt am Lake St. Clair ein Vielvölker-Gemisch. Eine große Gruppe stellen die Polen, die in der Vergangenheit vor allem für die Gebrüder Dodge arbeiteten und viel von ihrer heimischen Kultur importierten. Das zeigt sich nicht nur während ihres jährlichen Volksfestes (links); die Läden ihres Stadtviertels versorgen sie mit traditionell-polnischen Lebensmitteln, und in ihrem urbanen Leben bewahren die Detroiter polnischer Abstammung ihre kulturellen Wurzeln.
Mediterranes Flair amerikanischer Prägung entfaltet sich im Detroiter Stadtteil Greektown (unten). Aus allen Teilen Griechenlands stammen seine Einwohner, und auch sie haben in den vergangenen Jahrzehnten viele Bestandteile ihrer lebendigen Kultur in Detroit etabliert.

Greektown an der Monroestreet hat viel von der Atmosphäre der Jahrhundertwende bewahrt, und es ist heute das lebendigste Viertel der Stadt. Die Athens Bakery und der Athens Bookstore verkaufen Nahrung für Magen und Hirn. Im westlichen Stadtteil Dearborn leben zwanzigtausend Muslime, vor allem aus dem Jemen. Sie haben einst die erste Moschee in den USA gebaut, die im Schatten der Highland-Park-Fordwerke steht.

Der »Charlie Chaplin« ist eine Imitation, doch der pinkfarbene Straßenkreuzer ist echt. Er stammt aus der Zeit, als die Autos gar nicht groß genug sein konnten. Seit dem Beginn der Autoproduktion in Detroit – unten das legendäre Ford-T-Modell und das Highland-Park-Werk von 1908 – sind auch in Amerika die Innenstädte enger, die Treibstoffe teurer und die Vehikel kürzer und sparsamer geworden.

Der Name Ford überragt die der anderen Autoproduzenten, weil er mit der Erfindung des Fließbandes das Auto schon 1913 von einem Elitefahrzeug zu einem Massenverkehrsmittel gemacht hat. Er hat auch den Minimumlohn in die Industrie eingebracht. 1914 verkündete er, daß die Ford Motor Company nicht weniger als fünf Dollar für eine Achtstundenschicht zahlen werde in seiner Highland-Park-Fabrik. Ein Sturm auf die Arbeitsplätze setzte ein, der aus Detroit eine Vielvölkerstadt gemacht hat. Es war dann die Firma General Motors, die Masse und exklusive Klasse zu einem Erfolgsprinzip vereinigte. General Motors bot eine seinerzeit schon beachtliche Modellpalette an.

In den zwanziger Jahren gab es bereits 20 Millionen Autos in Amerika. Der Designer Harvey Earl entwickelte das Vehikel später zu einem Modeobjekt. Earl kam aus Hollywood, und er versuchte, das Auto in den amerikanischen Traum einzubauen, und zwar zu zivilen Preisen. Nicht Straßenlage oder Geschwindigkeit war ausschlaggebend, sondern die Form. Noch vor dem Zweiten Weltkrieg hatte Harvey Earl so die Märkte erobert.

Das Traumauto verfügte über elektrische Fensterheber, in die Karosse eingelassene Scheinwerfer, ein elektrisch versenkbares Verdeck, Weißwandreifen, einen Kühlergrill und verschwenderisch viel Platz. Erst nach dem Krieg aber entfaltete sich das künstlerische Genie des Harvey Earl. Bei ihm wurden aus Karossen Skulpturen. Tatsächlich formte er die Modelle zunächst in Ton. Zwillingsflossen am Hinterteil, Tropfenform, Torpedoschnauze, Chromleisten an allen Ecken und Enden und das Panoramafenster. Meine Nachkriegsgeneration in Deutschland hat solche »Schlitten« über die Maßen bewundert. Daß diese Autos mindestens auch fliegen könnten, suggerierte die Innenausstattung, die einem Flugzeugcockpit immer ähnlicher wurde, und zeigte sich auch in den Comic-Strip-Reihen, in denen Autos nach und nach die Funktion von denkenden Wesen übernahmen. 1956 ließ General Motors für 125 Millionen Dollar nordöstlich von Detroit ein Technologiezentrum erbauen, das genauso futuristisch anmutete wie die Modelle der Autofirma.

Doch zeitgleich mit den goldenen Eisenhower-Jahren ging auch die Ära der Harvey-Earl-Automobile zu Ende, die Zeiten des dynamischen Überflusses, wie der Karosseriebauer sein eigenes Werk nannte.

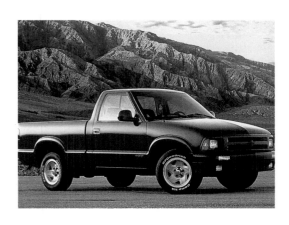

Hatte die Karosserie in den zwanziger Jahren noch viel von einer Kutsche, wurden die Formen drei Jahrzehnte später immer üppiger. Doch gegenüber dem Kleinlaster aus dem Jahre 1994 erscheinen sie uns heute allesamt wie Dinosaurier. Weil inzwischen aber der Windkanal eine Art Einheitskostüm für Autos kreiert hat, ist die Faszination für die Veteranen auch heute noch wach. Die Giganten der Branche, allen voran Ford mit seiner Erfindung des Fließbandes, sind seit Jahrzehnten die bedeutendsten Arbeitgeber des weiten Einzugsgebietes von Detroit in Michigan.

Seitdem die Autoschmiede der Nation auf Hochtouren produzierte, wurden auch immer mehr Straßen gebaut. Wie ein verwirrendes Knäuel erscheinen manche Highway-Knoten. Der Fließband-Gedanke erfaßte aber nicht nur die Autoindustrie. Auch Häuser gibt es »von der Stange«, und stilecht werden sie per Auto geliefert. Vom Tankwagen über das Mondauto bis zum Firmenschild: Henry Ford sammelte für sein Museum alles, was den Zeitgeist ausmachte (Seite 71).

Das Dach der Cobo Hall, ein gigantisches Einkaufszentrum, bildet Amerikas größten Parkplatz: 1700 Vehikel finden hier Platz. Wer in die amerikanische Geschichte einfährt, muß ohnehin den Eindruck haben, daß Columbus vor 500 Jahren einen gigantischen Parkplatz entdeckt hat. In den fünfziger Jahren wurde dem Auto noch in den letzten Winkel der Weg gebahnt. Straßen für zehn Milliarden Dollar wurden gebaut. Diesen Autobahnen entlang entwickelte sich eine neue Freizeit- und Wohnkultur. Die Überschwemmung mit »custom built« – ökonomisch-schlicht gebauten – Einfamilienhäusern am Rande der Autobahnen begann. William Levitt baute solche Häuser von der Stange. Eisschrank- und Waschmaschinen-Hersteller machten im Trend mit, und als das Fernsehen kam, bescherten die Geräteproduzenten dem amerikanischen Volk in vier Jahren 200 Millionen TV-Sets. Procter & Gamble lieferten Ivory-Seife vom Fließband, und Diamond Inc. überschwemmte das Land mit seinen Billigstreichhölzern.

Der Fließbandgedanke des Henry Ford setzte sich fast unendlich fort. Woolworth und Sears errichteten Supermärkte, die den Tante-Emma-Läden das Wasser abgruben. Das gleiche Schicksal war den kleinen Imbißbuden beschieden, als die großen Fast-Food-Ketten das Land flächendeckend mit ihren Filialen überzogen. Henry Ford hat in seinen späteren Lebensjahren diese Zeit des Aufbruchs und der Normierung genau studiert und zur Museumsreife gebracht. In Greenfield Village bei Detroit hat er die Zeichen der Zeit gesammelt, vom Automobil über ein McDonald-Schild aus der Gründerzeit bis zum originalen und kompletten Holiday-Inn-Hotelzimmer und einer alten Texaco-Benzinstation.

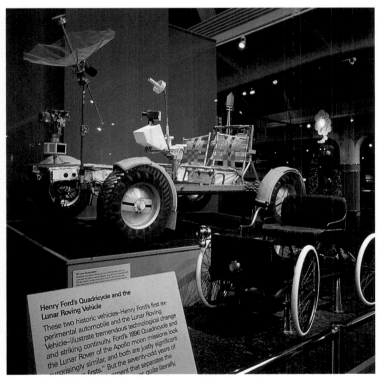

Henry Ford's Quadricycle and the Lunar Roving Vehicle
These two historic vehicles—Henry Ford's first experimental automobile and the Lunar Roving Vehicle—illustrate tremendous technological change and striking continuity. Ford's 1896 Quadricycle and the Lunar Rover of the Apollo moon missions look surprisingly similar, and both are justly significant "firsts." But the seventy-odd years of [achievement] that separates the [two vehicles] quite literally,

Fords imponierendstes Denkmal aber ist der Ford-Rouge-Komplex, einst der Welt größte Fabrik überhaupt. »The Rouge« wurde zum Symbol des Maschinenzeitalters und später zum Wahrzeichen des Arbeitskonfliktes. Bittere Auseinandersetzungen zwischen Unternehmern und Gewerkschaftern läuteten das Ende dieses Maschinenzeitalters ein. Es war flankiert von der Flucht der bessergestellten Amerikaner in die »Suburbia«, die Vorstädte. Die Innenstadt von Detroit verfiel.

Die Nachkommen der schwarzen Automobilarbeiter aus Georgia und Alabama zogen in die verlassenen Häuserzeilen. Im Kampf um Gleichberechtigung während der Zeit der Bürgerrechtsbewegung unter Martin Luther King brannte auch Detroit. Eine Woche dauerte der städtische Bürgerkrieg. Er hat 43 Menschen das Leben gekostet und Schaden in Höhe von 45 Millionen Dollar angerichtet.

Dann überfiel die Ölpreiskrise die Stadt der großen Autos. Die amerikanischen Käufer drehten Detroit den Rücken zu und begannen, die kleineren, sparsameren Autos aus Europa und zunehmend aus Japan zu kaufen. Die Arbeitslosenzahlen schnellten hoch und damit auch die Verbrechensrate. Die Abwanderung erlebte eine neue Dimension, und sie hat eine amerikanische Apartheid geschaffen. Die in Detroit verbliebenen eine

Ob es die riesigen Trucks sind (oben), die jeden Amerika-Besucher faszinieren, oder ob es der Trödelmarkt ist: Thema Nummer eins heißt in Detroit immer noch »Autos«. Die Stadt bildet nicht zuletzt – wen mag es überraschen – den größten Gebrauchtwagenmarkt der USA. Die Wirtschaftskraft der Detroiter Industrie hat bei der Entwicklung zahlreicher attraktiver Stadtgebiete mitgewirkt: Neben den ersten Erfolgen bei der Renovierung der Innenstadt rund um den Park am Civic Center, das Sitz der Verwaltung ist und zugleich Sportarena, Konzertsaal und Messeplatz beherbergt, erholt sich auch die Infrastruktur nach und nach. Das Detroit Institute of Arts birgt eine beachtliche Sammlung, die quer durch die Kunstgeschichte der Welt führt. Das Museum of African-American History dokumentiert das schwarze Amerika und präsentiert die Leistungen herausragender Frauen und Männer. Im Detroit Science Center erleben die Besucher Wissenschaft live: Hier gibt es keine leblose Exponaten-Sammlung, sondern rund 50 spannungsvoll eingerichtete Experimente und Filmpräsentationen in einem Omnimax-Kino mit Kuppel-Leinwand.

Million Einwohner sind zu 80 Prozent schwarz. Die drei Millionen, die sich jenseits der Stadtgrenzen niedergelassen haben, sind zu 95 Prozent weiß, ermittelte die renommierte Zeitung New York Times.

Im Januar 1994 wurde Dennis Wayne Archer die Bürgermeisterkette Detroits umgelegt. Archer ist schwarz, und weil in New York der schwarze Bürgermeister Dinkins abgewählt wurde und in Los Angeles der schwarze Bürgermeister Bradley seinen Abschied nahm, ist Detroit in Archers erster Amtsperiode die größte amerikanische Stadt, die von einem Schwarzen regiert wird. Archer will Detroit wieder zur Weltklasse erheben mit einem drastischen Programm zur Verbrechensbekämpfung und einer Verschönerungskampagne. Dazu gehören ein Golfplatz und ein See mitten in der City. Er betrachtet es als besonders wichtig, daß ihm die »business community«, die Detroiter Autoindustrie, helfen will. Sie hat sich erholt von den Niederlagen der siebziger Jahre; Lee Iacocca hat Chrysler aus dem Tief geholt. Ross Perot hat eine Zeitlang General Motors beraten, und auch ein Ford ist wieder dabei: Henry Ford II hat schon vor Jahren ein monumentales Zeichen der Wiedergeburt Detroits gesetzt, das Renaissance Center. Es ist 73 Stockwerke hoch, hat 50 Geschäfte, 25 Restaurants und bietet einen atemberaubenden Blick über das Wasser nach Kanada.

Der Blick vom kanadischen Windsor auf die Skyline von Detroit zeigt eine moderne Stadt, die aus einigen bedrohlichen Krisen heraus- und einem neuen Aufschwung entgegensteuert. Dabei bietet das seenreiche Umland für die Einwohner innerhalb des Ballungsraumes, aber auch für Besucher zahlreiche Erholungsmöglichkeiten.

Windsor selbst erreicht man von Detroit aus über eine Brücke oder durch einen Tunnel unter dem Detroit River. Die Stadt im kanadischen Staat Ontario liegt beinahe auf der Höhe Roms und wartet mit wunderschönen Parkanlagen auf: Neben einem Abstecher zu den Coventry Gardens lohnt eine Wanderung durch den »Point Pelee National Park«.

Der Detroit River (oben) bildet eine natürliche Grenze zwischen den Vereinigten Staaten und Kanada. Detroit profitiert von seiner Lage, dem nahen Kanada und dem großen Einzugsgebiet, das die Bundesstaaten Michigan, Ohio und Indiana bilden. Nördlich erstreckt sich das Terrain bis zur kanadischen Metropole Toronto und den Niagara-Fällen – für das Gefühl amerikanischer oder kanadischer Autofahrer ist diese dreihundert-Kilometer-Distanz keine Entfernung.

Toronto hat sich zu einer Weltstadt gemausert, die zahlreiche Facetten bietet: In moderner Architektur spiegeln sich Bauten der Jahrhundertwende. Warenangebot und Gestaltung des Eaton Centers (Seite 75) faszinieren gleichermaßen, und das kulturelle Leben der Stadt ist alles andere als provinziell. Die Freunde von klassischer Musik, von Theater, Oper und Ballett kommen hier ebenso auf ihre Kosten wie der Kurzbesucher, den die imposanten Einkaufsmöglichkeiten in Torontos »Underground City« beeindrucken.

Bei Detroit verengt sich die Verbindung zwischen dem Lake Michigan und dem Lake Erie. Über diese Enge führen eine Brücke, darunter der Tunnel nach Windsor in Kanada. Die Grenzlage hat Detroit ein weites Hinterland beschert von Toronto bis zu den Niagara-Fällen.

Toronto ist Flickenteppich der Völker, wie Detroit auch. Die kanadische Stadt erscheint mir freundlicher und ist mit Sicherheit kosmopolitischer. Das Eaton Center in Toronto gilt als die größte unterirdische Shopping Mall, das größte Einkaufszentrum Amerikas unter den Straßen.

Die an sich großartigen Niagarafälle sind zu einer Touristenfalle verkommen. Der Honeymoon, die Flitterwochen sind dabei das Leitmotiv. 400 Dollar pro Paar kostet eine ausladende, aber kitschige Hochzeitssuite an den Fällen pro Nacht. Maid of the Mist, die gute Fee des Niagara, ist der Name eines Ausflugsbootes nach einer Legende aus indianischer Vorzeit. Der Klang des Namens ist zwiespältig, denn nach der Legende soll jedes Jahr das schönste Mädchen des Stammes zur Versöhnung dem Donnergott geopfert worden sein. Gleich oberhalb des 54 Meter hohen Wasserfalls liegt das gestrandete Wrack eines Bootes. Genüßlich erzählen die Reiseleiter die Geschichte von der Rettung der Besatzung in letzter Minute. Auch die jeweils aktuelle Zahl der Selbstmorde am »suicide point« gehört zum Standard-Repertoire der Berichte an die Touristenscharen. Ein Höhepunkt der Flitterwochen ist dann das Candle Light Dinner auf dem Skylon Tower auf immerhin 236 Metern Höhe.

Mir gefällt es derzeit am besten auf Belle Isle, das ist ein Aussichtspunkt über dem Detroit River, der die oberen und die unteren großen Seen verbindet. Hier passieren immer noch die großen Frachtschiffe den Hafen von Detroit. Obwohl die 350 Meter langen Ungetüme wirklich sind, vermitteln sie irgendwie das Gefühl vergangener Zeiten, erinnern sie an das Maschinenzeitalter von Detroit.

Nur ein paar Kilometer entfernt der großen Metropolen – entfesselte Urgewalten der Natur: Die Niagara-Fälle zwischen dem Lake Erie und dem Lake Ontario sind Jahr für Jahr Anziehungspunkt etlicher Touristenmillionen. Wo die Wassermassen publikumswirksam 54 Meter in die Tiefe stürzen, hat sich ein regelrechter Touristenstützpunkt entwickelt. Vom nächtlichen Farbenspiel, wenn die Fälle mit bunten Scheinwerfern angestrahlt werden, bis zur Honeymoon-Kultur oder dem Regenmantel für die Passagiere der Ausflugsboote ist alles bestens arrangiert. So wirkt das Naturschauspiel Niagara förmlich eingekreist. Wer danach eher das Ursprüngliche sucht, wird im Dreieck von Detroit, Cleveland und Toronto durchaus fündig. Zahlreiche kleine Seen und Wälder abseits der Zentren lassen eine Stimmung entstehen, die womöglich auch die Pioniere überkam, als sie lange Zeit vor dem Maschinenzeitalter die unberührte Wildnis durchquerten.

CHICAGO

DER SPIEGEL AMERIKAS

Al Capone, Bandenkriege, Schlachthöfe, Korruption – die Assoziationen, die aus der Fernsicht zu Chicago in uns aufsteigen, sind nicht die besten. Doch die Stadt am majestätischen Lake Michigan – ein Binnensee mit Ozeanqualitäten – ist längst zu einer vielschichtigen Acht-Millionen-Metropole angewachsen. Ihr Attribut von der »Windy City« beschreibt vornehmlich den Wind, der fast unablässig über den großen See weht. Das Wrigley Building (Seite 81, links) im spanischen Renaissance-Stil bildet ein Element der »historischen Folie«, vor der die moderne Architektur ihren Siegeszug angetreten hat.

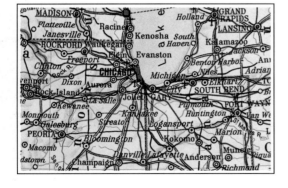

An Chicago klebt ein schlechter Ruf. Scharf pfeift der Wind in der Stadt am Michigansee, die sich selbst »The windy city« nennt. Windige Brüder haben die Stadt regiert vom korrupten Bürgermeister Big Bill Thompson bis zum Schwerverbrecher Al Capone. Nirgendwo sonst haben sich machthungrige Gewerkschafter und gewissenlose Unternehmer so zerfleischt. Keine Stadt hat so viel Umweltschmutz produziert und so viel Bürgerelend erlebt. Keine schließlich hat so gestunken, als Chicago Mitte des 19. Jahrhunderts der Schlachthof Amerikas war – Endpunkt der großen Viehtrecks aus dem Westen und der Schweineschiffe vom Mississippi.

Aber dann hat in einer stürmisch-heißen Oktobernacht 1871 die Kuh von Mrs. O'Leary eine brennende Laterne umgestoßen und den größten Brand in der Geschichte der Vereinigten Staaten entfacht. Chicago – damals immerhin schon eine Stadt mit 300 000 Einwohnern – verschwand von der Bildfläche… und entstand wie Phönix aus der Asche neu.

Wenn die abendländische Zivilisation unterscheidet zwischen vor oder nach Christus, so heißt die Zeitrechnung in Chicago vor oder nach dem Feuer. Die Stadt lag in Trümmern, aber die verkehrsgünstige Lage zwischen dem Mississippi und den großen Seen blieb – eine Drehscheibe auch auf der direkten Linie zwischen Osten und Westen Amerikas, der legendären Route 66. Unternehmer und Politiker gingen Hand in Hand an den schnellen Wiederaufbau. Sie fanden eine neue Generation von Architekten, die ihre Vorbilder nicht in der Vergangenheit suchten, und die mit den neuen Errungenschaften der Technik arbeiteten. Die Erfindung des Stahlbetons durch William Le Baron Jenney und des Sicherheitsfahrstuhls durch Elisha Otis machten Häuser möglich, die in den Himmel wachsen. John Wellborn Root, der schon mit der Rookery eigenwillige Formversuche wagte, baute 1891 ein Haus mit siebzehn Stockwerken am Jackson Boulevard, ohne die bis dahin üblichen Ornamente. Die Rookery, zu deutsch »Taubenschlag«, gilt heute als Stadtjuwel und das Haus am Jackson Boulevard als Geburtsstätte der Wolkenkratzer. Brian Collins führt in diesem »Monadnock Building« eine exquisite Schreibwarenhandlung. Er hält mit seiner Inneneinrichtung das Gefühl für die Gründerjahre des modernen Chicago wach.

*»Form follows function« – daß die Form
der Funktion zu folgen habe, war eine der
Forderungen an die Gestaltung der Neuzeit, die die Architekten der seinerzeit
jungen Generation aufstellten. Mit Stolz
kann die Stadt darauf verweisen, geradezu
ein Freilichtmuseum der Architektur zu
sein. Die bedeutendsten Vertreter einer
Architektur der Moderne, von Sullivan
über Wright bis zu Jahn, haben in
Chicago ihre Vorstellungen von zeit-
genössischem Bauen umgesetzt.
Die Innenansicht des Illinois State Center
dokumentiert ebenso wie die äußere
Anmutung (Seite 83 oben) das Zusammenspiel von Form und Funktion. Der
Sears Tower (Seite 83 unten rechts), mit
443 Metern und 110 Stockwerken das
derzeit höchste Bauwerk der Welt,
dominiert in seiner schlichten dunklen
Quaderarchitektur die Skyline.
Und immer wieder: der Alt-Neu-Kontrast,
ob man den Wasserturm vor dem Sears-
Tower (Seite 82) oder die Zeile an der
Michigan Avenue (Seite 83) betrachtet.*

Die Architekten der alten Schule gingen keineswegs kampflos. 1893 haben sie Chicago zur Weltausstellung noch einmal jenen Baustil beschert, den John W. Root »Abführ-Architektur und Wassersucht-Stil« nannte. Von der pompösen Weltausstellung ist nicht viel geblieben, aber Root hat eine neue Schule geschaffen. Strenger noch als er forderte sein Zeitgenosse Louis Sullivan eine »Form, die der Funktion folgt« und konstruierte bis zum Jahr 1893 ein Dutzend Wolkenkratzer. Den herkömmlichen Baustil verurteilte er als »Denkmäler für die schwachsinnigen und anfälligen Herzen«. Es ist kurios, daß ausgerechnet das »Art Institute« von Chicago, das die Kultur der Stadt repräsentiert, im so beschimpften alten Stil erbaut wurde. John Zukowsky, der Curator des Institutes, meint, daß das Neben-einander und die Auseinandersetzung zwischen den Konservativen und den Progressiven weder auf Chicago, noch auf die Architektur beschränkt sei, sondern das Wesen der amerikanischen Gesellschaft ausmache.

Es war ein Schüler Sullivans, der das organische Bauen in die Schule von Chicago einbrachte, nämlich Frank Lloyd Wright. Er war vielleicht der erste amerikanische Architekt, auf den auch der Rest der Welt aufmerksam wurde. Er hat das Prinzip des Kranträgers entwickelt, der ein ganzes Ge-bäude hält. Frank Lloyd Wright verglich es mit einem Daumen, der ja auch

nur an einer Stelle mit der Hand verbunden ist. Wright wollte eigentlich einen Wolkenkratzer in Chicago errichten, der eine Meile hoch ist – 1,6 Kilometer. Statt dessen entschloß er sich für die Breite. Die endlose Ebene der Prärie rund um Chicago hat ihn geprägt. Seine »Prairie School« wiederum hat sich über Amerika ausgebreitet. Kurz vor seinem Tod im Frühjahr 1959 war ich als studentischer Besucher bei einem Vortrag des Frank Lloyd Wright beeindruckt von seinem Credo: Ein Gebäude bestehe nicht aus Wand und Dach, sondern aus dem Wohnraum. Also müsse man von innen nach außen bauen und nicht umgekehrt, wie das in Europa üblich sei. Tatsächlich entstehen auch heute noch die Wolkenkratzer von innen nach außen.

Chicago ist die drittgrößte amerikanische Stadt, nach New York und Los Angeles, aber es nennt sich neuerdings »The first american city«, die erste unter den amerikanischen Städten, wie ich finde zu recht. Das hat zunächst mit dem Erscheinungsbild zu tun, also mit der Architektur. Die Bürgermeister dieser Stadt mögen mit der Unterwelt konspiriert haben, wie der bereits erwähnte Big Bill Thompson und Richard M. Daley, oder sie mögen das Miteinander gefördert haben, wie die erste Frau im Rathaus, Jane Byrne, und der erste schwarze Bürgermeister, Harold Washington. Sie alle modellierten das Antlitz von Chicago – unverwechselbar amerikanisch, aber doch von Generation zu Generation verschieden. Die Keimzelle war der »Loop«, so genannt nach der Schleife, die einst die Cable Car entlang dem Chicago River und dem Michiganufer zog.

Dann kam die Michigan Avenue dran, wegen ihrer mondänen Geschäfte und Gebäude, die »Magnificent Mile« getauft. Schließlich der Lake Shore Drive, der die Stadt gegenüber dem großen Wasser des Michigansees abschließt.

Das höchste Gebäude ist der Sears Tower auf dem Loop, mit einhundert Aufzügen und sechzehntausend Menschen, die in ihm arbeiten. Das glänzendste ist das North Walker Building, in dessen Glasfassade sich der Wolfspoint am Wasser spiegelt. Das markanteste ist sicher immer noch das Wrigley Building, das einen Anklang an Sevilla in Spanien vermittelt.

Besonders kompromißlos und klar haben Architekten aus Deutschland gebaut. Mies van der Rohe kam Anfang der dreißiger Jahre nach Chicago und erfüllte sich mit dem Lake Point Tower einen Traum, den er zuhause in Berlin nicht wahrmachen durfte. Glas und Stahl hat Mies van der Rohe im IBM Building auf wunderbare Weise verschmolzen. Sein Motto »Weniger ist mehr« hat sein Schüler Helmut Jahn übernommen. Mit dem Illinois Center, das Mies van der Rohe 1967 begann, schuf sich Jahn ein erstes Baudenkmal – besonders spektakulär das Atrium. Andere Bauten folgten Schlag auf Schlag. Mit dem Flughafen-Airline-Terminal ist ihm ein Meisterwerk gelungen, weil es seinen Hauptzweck erfüllt, nämlich Lust aufs Reisen zu machen.

Helmut Jahn kommt aus Allersberg bei Nürnberg; »der Zufall bestimmt deinen Geburtsort«, sagt Jahn, »aber es ist deine Verantwortung, den Platz zu finden, wo du hingehörst«. Jahn hat inzwischen auch in Deutschland gebaut, zum Beispiel den Messeturm in Frankfurt. Aber seine Lebensart entspricht »Chicago Land«, wie die Stadt am Michigansee und ihr Umfeld genannt werden, in Anlehnung an die »Gang Land« der Mafia zwischen den Weltkriegen. 1966 kam Helmut Jahn in Chicago an. 1993 galt er als so einheimisch, daß er die Führung übernahm während der Visite des Bundespräsidenten Richard von Weizsäcker in der Stadt.

Respektvoll klappen die Brücken über dem Chicago River hoch, wenn die Segler die Saison eröffnen. Wer genauer hinschaut, entdeckt dabei reizvolle Formstrukturen (Seite 84 links).

Auf der Basis florierender Wirtschaftskraft ist eine Stadt entstanden, die wie keine andere einen allamerikanischen Stil gefunden hat. Die Architekten vieler Nationen und Generationen haben dazu beigetragen. Ein Ausdruck dieses Stils ist der neugestaltete Airport-Terminal von Helmut Jahn (unten).

Chicagos Lage am Wasser erwies sich als glücklicher Umstand: Bereits 1825 wurde mit dem Erie-Kanal die Verbindung zum Atlantik, mit dem Illinois-Michigan-Kanal 1848 die Verbindung zum Mississippi geschaffen. Der Bau der Eisenbahnlinie besorgte ein übriges, die aufstrebende Wirtschaftskraft Chicagos zu fördern.

Aber natürlich wären die auffallenden architektonischen Linien hohl ohne den Inhalt – ohne die 3000 Gäste, die das Hyatt Regency Hotel aufnehmen kann, ohne den Jazz im Yvette Winter Garden, ohne die Pizza und Pasta in der Trattoria No. 10, ohne die 450 Verkaufsabteilungen im Riesenkaufhaus Marshall Fields und ohne die eleganten Roben im Palmer House... alle miteinander auf dem Loop in der City von Chicago.

Dazu kommt der Bummel über die Magnificent Mile, der Blick vom Sears Tower, der Besuch eines Jazzfestivals im Grant Park und einer Sportveranstaltung der Cubs, der Sox oder Bulls, der Basketballmannschaft, mit der Michael Jordan berühmt geworden ist – oder umgekehrt. Der Jazzmusiker Dave Brubeck liebt Chicago genauso wie der Dirigent Christoph von Dohnányi. Luciano Pavarotti singt hier am liebsten und ißt die berühmte »Deep Dish Pizza«. Die erfolgreichste amerikanische Talkmasterin Ophra Winfrey ist hier »On the Air«; das beste Magazin für die Afroamerikaner, »Ebony«, kommt hier heraus, und die McDonalds-Imbißkette ist ebenso hier zuhause. Dazu gehören Wrigleys Kaugummi, Pinkertons Detektei und Playboy's Enterprises. Abraham Lincoln hat von hier aus gewirkt, und die erste schwarze Senatorin, Carol Moseley Braun wurde hier gewählt.

Aber vor allem ist Chicago das größte Freilichtmuseum der Architektur weltweit, und die Architektur wiederum ist die eindrucksvollste Erscheinung des American way of life.

Zu den Facetten, die eine Weltmetropole ausmachen, zählen auch die Freizeit-Aktivitäten: Längst auch in Deutschland ein Superstar, stand der Chicagoer Basketball-Profi Michael Jordan stellvertretend für den Spitzensport in seiner Heimat. Ebenso professionell wußte Jordan bis zu seinem Rücktritt seinen Ruhm geschäftlich nutzbringend einzusetzen.

Aber wenn die Stadt so schön ist, warum nehmen die Menschen vor ihr Reißaus? Seit 1992 ist wieder ein Daley Bürgermeister in Chicago, und er sagt voraus, daß die Einwohnerschaft von dreieinhalb auf zweieinhalb Millionen Menschen schrumpfen wird.

»Ich will gar keine große Stadt haben«, behauptet Richard M. Daley, »es macht mir nichts aus, die Nummer zwei, drei oder vier zu sein.« Es macht ihm aber etwas aus, daß die Einwohner von Chicago um ihr Leben fürchten. Jenseits des Stadtkerns nämlich ist ein neuer Kampf ausgebrochen. Es geht nicht mehr um die Mafia, das Schwarz-Weiß-Problem oder den Klassenkampf, sondern es geht um Drogen, Jugendkriminalität und den Bildungsnotstand. Paul Simon, langjähriger Senator im Wahldistrikt Chicago und nicht mit dem gleichnamigen Sänger verwandt, stöhnte: »Wie können wir den Rang einer Weltstadt halten, wenn sich unsere Jugend von der Welt abwendet?«

Ein großzügiges Programm soll diese Jugend wieder in die Gesellschaft zurückholen, zum Konzert in den Stadtpark, zum Vereinsleben, auf die Boulevards und in die Schulen.

Es ist zu einem Wettrennen gekommen zwischen dem Ausbau der schönen Innenstadt und der Verwahrlosung ihrer Ränder. Karina Wang, unsere Chicago-Fotografin in diesem Band und eine renommierte Künstlerin vor Ort, meint, daß Chicago trotz dieser Entwicklung letztlich mehr gewinne als verliere. Und die wachsende Zahl der Besucher und Bewunderer meint dies auch.

Ebenso wie die Basketballer der Bulls, die Footballer der Bears oder die Baseballer der Cubs und der Sox Tausende Sportbegeisterte zu überschwenglichen Fan-Aktivitäten animieren, zieht auch das enorme Musikangebot der Stadt am Lake Michigan Interessierte aus aller Welt an.

Legenden und Institutionen des Jazz: Das »Blue Note«, Mahalia Jackson (rechts) oder Errol Garner (unten links). Obwohl sein Ursprung in den Südstaaten liegt, ist der Blues mit Chicago verbunden wie Flower Power mit San Francisico.

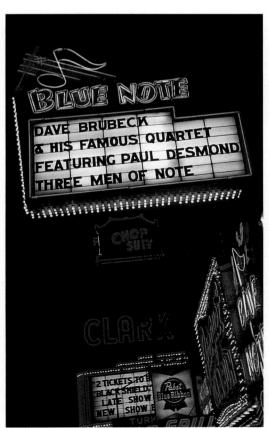

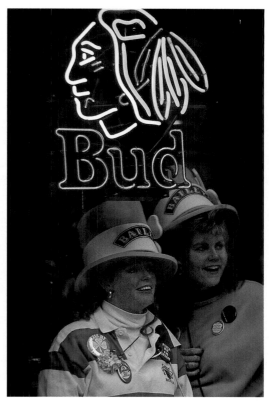

Chicago – die amerikanischste Stadt der USA: Zwar haben die Einwanderer aus Irland, Polen, Italien, China, Indien oder Deutschland in der Vergangenheit das Leben der Stadt ganz individuell geprägt. Doch werden jetzt die importierten Feste aus der alten Heimat gefeiert, wie etwa der irische St. Patricks Day, hat längst alles amerikanisches Format angenommen.

Besonders in der kurzen Sommerpause, die der Wind macht, ist Chicago
auch ohne die Wolkenkratzerpracht eine schöne Stadt. Dann gleiten die Se-
gelboote auf den Michigansee hinaus und verlieren sich am Horizont. Und
über einen Stichkanal ist es nicht weit zum Mississippi, dem Ol' Man River
der Schaufelraddampfer und des Blues. Im Sommer 1993 hat allerdings
die große Flut den Mississippi anschwellen und seine Ufersiedlungen

Chicago Sunset: Die Lichter flimmern über der Bucht; die Yachten schaukeln ruhig vor der Stadt, wenn im Sommer der Wind pausiert. Und wo tags Geschäftstreiben das Stadtbild beherrscht, verlagern sich die Aktivitäten abends in die Bars und Clubs.

untergehen lassen. Ein Jahr zuvor war in Chicago selbst das unterirdische Tunnelsystem unter dem Ansturm des Wassers zusammengebrochen… Waterloo nannten es die Einwohner mit Galgenhumor. Die Wolkenkratzer hat es nicht berührt. Sie sind zu tief verankert, um Schaden zu nehmen. Sie haben die Flut mit Hochmut registriert. Wer in der »Windy City« über den Wolken lebt, der hat es besser.

Leistungsorientierte Triathleten und Freizeitaktive wissen gleichermaßen, was sie am Lake Michigan haben. Wenn sich jedoch der Winter über Chicago ausbreitet, kehrt Ruhe am Strand ein: Eisschollen treiben auf dem Wasser des Yachthafens, und die Fiaker scheinen die geeigneten Vehikel für eine beschauliche Fahrt durch die Metropole.

Für viele Besucher bildet Chicago nicht zuletzt deshalb den Startpunkt ihrer Reise, weil hier der Beginn der legendären »Route 66« liegt. In Europa mittlerweile ähnlich populär wie in den Vereinigten Staaten, führt die historische Straße bis Los Angeles. Und eine zunehmende Schar von Enthusiasten sorgt dafür, daß das historische Antlitz der vielbesungenen »Route« wiederhergestellt wird.

Nur drei Autostunden vom modernen
Chicago liegt eine andere Welt: Ohne
Strom, ohne Telefon, ohne Autos leben die
Amish, eine traditionelle und traditions-
bewußte Gruppe der Mennoniten. Weil sie
den Kriegsdienst und andere staatliche
Forderungen im alten Europa ver-
weigerten, sahen sich viele von ihnen zur
Auswanderung gezwungen. Vor allem in
Nord-Indiana und Iowa haben sie ihre
Siedlungen gegründet.
Das wasserreiche Umland von Chicago
bietet Einheimischen ebenso wie den
Besuchern vielfältige Möglichkeiten zu
Freizeitaktivitäten (Seite 97).

SAN FRANCISCO
THE GOLDEN GATE

San Francisco ist eigentlich keine Stadt, sondern ein Zustand. Scheinbar schwerelos, wenn die Spitzen der Wolkenkratzer aus den im Sommer so häufigen Nebelschwaden auftauchen. Beschwingt, wenn die Enkel der Blumenkinder und ihrer Generation auf Haight-Ashbury flanieren. Auch beklemmend beim Blick durch die Gitterstäbe der früheren Gefängnisinsel Alcatraz in der vorgelagerten Bucht.

Der Besucher kann sich seinen Seelenzustand selber aussuchen. Die Fahrt mit der Cable Car ist heiter. Der Gang in das Stadtviertel um die katholische Kirche St. Anthony mit ihren Obdachlosen und ihrer Armenspeisung macht melancholisch. Die Aussicht vom Nob Hill ist allemal erhebend, und der Ausflug in die Castrostreet, die auch nach der Aids-Verheerung den Gleichgeschlechtlichen gehört, erweckt bei den anderen zwiespältige Gefühle. Besonders am Festtag Halloween, ein Tag vor Allerheiligen, wenn die Leute der Castrostreet sich verkleiden und entkleiden.

Diese »Unheiligen« tummeln sich fast vor den Pforten der Mission, die der Stadt den Namen gab. Die Erbauer, die frommen Franziskaner, hatten vor 200 Jahren eigentlich schon alle Heiden bekehrt oder begraben. Unter der Mission von San Francisco liegt ein riesiger Indianerfriedhof. Die amerikanischen Ureinwohner hatten kein Mittel gegen die Krankheiten des weißen Mannes gefunden. Diese Krankheiten hießen nicht Aids und Drogensucht, sondern Masern, Pocken und Syphilis. Die Indianer sind »verschwunden«, aber die festen Mauern der Mission haben die Stürme der Zeit heil überstanden.

San Francisco, wegen der beherrschenden Lage über der Bucht bis heute »the city« – »Die« Stadt genannt. Erdbeben oder Aids – immer wieder ist San Francisco heimgesucht worden. Doch die Grundstimmung ist alles andere als lebensabgewandt: Einmal im Jahr feiern »die anderen« auf der Castrostreet ausgelassen ihr Bürgerrecht in dieser toleranten Stadt an der Bay.
Die Bergfahrt mit der Cable Car, der drahtseilgezogenen Traditionsbahn, gibt den Blick auf die Insel Alcatraz frei – früher gefürchtetes Gefängnis, heute Gefängnismuseum (Seite 101).

Die Franziskaner haben damals schon erdbebensicher gebaut. Nicht so ihre Erben, die Glücksritter, Goldsucher, Händler und Spieler. 1906 starben 700 Einwohner bei einem Erdbeben, 1989 waren es immerhin noch 40. Die Gefahr, die von der Erde ausgeht, konnte den Zuzug nicht bremsen. So als ob die tektonische Verunsicherung eine Würze im Zustand von San Francisco abgibt – ein gefährliches Stimulans.

Die Franziskaner-Kirche Dolores:
Die Mission der Ordensmänner, die
San Francisco den Namen gab, war der
erste feste Bau der Stadt.
Erdbebenfest errichtet mit ihren dicken
Mauern hat die Mission alle Erschütte-
rungen der Stadt überdauert, während
die Naturgewalten weite Teile des
Gebietes in Schutt und Asche legten.

Die natürlichen Verwerfungen haben offenbar die Verwerflichkeit besonders angezogen. Der rasche Wechsel von Licht und Schatten schufen dazu ein Reizklima der Leidenschaften. Nach dem Glaubenseifer kamen die Goldgier und der Brotneid. Mord und Totschlag gehörten zur Tagesordnung, suchten nicht einmal die Heimlichkeit der Nächte. Es war das Zeitalter der »fortyniners«, der »Neunundvierziger«. Denn am 28. Februar 1849 legte das Dampfschiff »California« in San Francisco an. Es hatte den Voraustrupp jener rauhen Männergesellschaft an Bord, der aus der Missionsstation ein Goldgräberlager machte und ein Regime der Gesetzlosigkeit errichtete. Ein wenig Ordnung in das Chaos brachten erste Dienstleistungsbetriebe, die bald danach entstanden. Auf der Flucht vor den noch tristeren Verhältnissen in ihrem Lande kamen die Chinesen zu Tausenden. Auch sie wuschen das Gold aus den reichen Flußböden, dann wuschen sie die Wäsche der anderen, kochten ihr Essen und verpachteten ihre Töchter als Prostituierte.

Chinatown legt bis heute Zeugnis ab vom unermüdlichen Fleiß und dem skrupellosen Geschäftssinn der Asiaten. Heute erhält diese größte Chinesenstadt Amerikas Nachschub aus Hongkong und auch schon aus Kanton und Schanghai – Millionäre, die den Sozialismus fürchten, und Kulis, die vor ihm fliehen. Einmal im Jahr, wenn die Chinesen mit Feuerwerk und Prachtparade ihr Neujahr feiern, beherrschen sie auch heute noch die Stadt.

San Franciscos Chinatown ist immer noch die größte Chinesensiedlung außerhalb Asiens. Die Vorfahren ihrer Bewohner haben ihr Glück bei der Goldsuche, im Eisenbahnbau, in der Gastronomie, mit Wäschereien und Reinigungen gemacht.

*Das Schachbrettmuster gaukelt Übersicht-
lichkeit vor: Nur in der Vogelperspektive
findet man sich in San Francisco problemlos zurecht.
Die Kunst und die Kunstfertigkeit der
Asiaten bereichern das Straßenbild.*

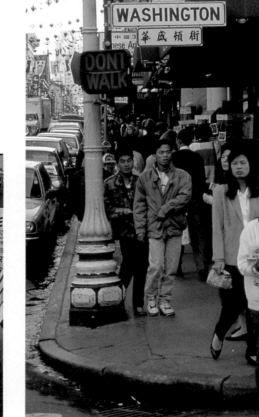

San Francisco hat noch Kapazitäten frei, weil hier nicht, wie in Los Angeles, der Wassermangel die Stadtgrenzen zieht. Rund um die 70 000 Chinesen leben in San Francisco nur 700 000 andere Amerikaner.

Diese für eine Großstadt in den USA geringe Einwohnerzahl verleitet zu dem Glauben, San Francisco sei einfach zu erkunden. Der Stadtplan stärkt diese Täuschung noch, da die Straßen und Avenuen streng geometrisch angeordnet sind. In Wirklichkeit ist die Erkundung eine Berg- und Talfahrt, werden Straßen einfach durch Felswände unterbrochen, geben dichte Häuserreihen selten einen orientierenden Ausblick frei. Zum Trost lädt jede zweite Ecke zum Verweilen ein: ein asiatisches Straßencafé, eine mexikanische Wandmalerei, ein koreanischer Imbißstand, ein okkulter Buchladen, eine viktorianische Fassade, ein Giebel in ägyptischer Zimmermanns-Architektur, ein Rapper mit seinem eintönigen Singsang, abgerissene Bettler, dumpfbrütende Wermutbrüder, überraschender Chic und zuweilen erstaunliche Eleganz – so vieles und so Verschiedenartiges.

Diese Stadt erschließt sich eigentlich nur dem Müßiggänger. Und es hat noch jeden nach dem Besuch die Unruhe erfaßt, nicht alles gesehen und so wenig genossen zu haben.

Ein Rezept ist der Rückzug auf einen Punkt, der noch einen Blick auf die Skyline erlaubt, aber eine nervenberuhigende Ferne hat. So ein Platz ist die Halbinsel Tiburon jenseits der Bucht, genauer die Frühstücksterrasse eines kleinen Cafés am Ufer, weit genug zum Träumen, nah genug für die Gewißheit, daß es kein Traum ist.

Die zahlreichen Hügel der Stadt schaffen als unerwartete Hindernisse ein wechselvolles Stadtbild, das zum Beispiel auch in vielen Filmproduktionen Hollywoods die Kulisse für aktionsreiche Szenen geliefert hat (ganz oben). Die Serpentinen der Lombardstreet könnte man als eine Entsprechung zu dem krausen Sinn der Bewohner dieser faszinierenden Stadt auffassen.

105

Aus der Skyline, die insgesamt die unver-
wechselbare Kontur der Stadt beherrscht,
ragt das pyramidische Trans-Am-Haus
architektonisch hervor (rechts).

Das Unwirkliche an San Francisco ist seine eigentliche Attraktion. Auf der Suche nach der Wirklichkeit hält die Stadt auch ein paar Enttäuschungen parat. Die legendäre Treasure Island des Louis Stevenson ist nur noch eine Unterlage für die Pfeiler der Bay Bridge. Die berühmte Fisherman's Wharf ist eine Touristenfalle, und der von so vielen Schriftstellern hochgelobte Bergkegel Big Sur ganz in der Nähe hält dem Vergleich etwa mit der Künstlersiedlung Deja auf Mallorca oder dem Küstengebirge der Riviera nicht stand.

Eine eher makabre Sightseeing-Station ist auch Colma. In dieser Vorstadt bewachen 480 Menschen über der Erde den ewigen Schlaf von Millionen darunter. In dieser Friedhofsstadt ruhen die Toten streng nach ethnischen Gruppen getrennt. In einer Stufenleiter der Klassen- und Rassenzugehörigkeiten, die Hügel hinauf gestaffelt, ruhen ganz oben die großen Kaufmannsfamilien und ganz unten ihre wertvollen Hunde. Etwa in der Mitte finden sich die Grabsteine der Hells Angels, des Sheriffs Wyatt Earp und des deutschstämmigen Juden Levy-Strauss, des Jeans-Erfinders.

Fisherman's Wharf – früher ein idylli-
scher Fischerhafen, heute ein Touristen-
angelplatz (oben).
Zum Kult der Rockergruppe »Hell´s
Angels« gehört die schwere Maschine –
in der Friedhofsstadt Colma haben sie
einen der ihren samt Motorrad beerdigt
(rechts).

Die legendäre Gefängnisinsel Alcatraz in der Bucht von San Francisco dürfte neben »Sing Sing« das bekannteste Zuchthaus der Welt sein. 1934 wurden die ersten Gefangenen hier in ihre Zellen gebracht; 28 Jahre später löste die Regierung das Zuchthaus auf. Zahlreiche Filme haben den gnadenlosen Strafvollzug auf der Felseninsel beschrieben; seit seiner Schließung ist Alcatraz ein beliebtes Touristenziel. Besonders Mutige können das »echte« Alcatraz-Gefühl auskosten, wenn sich hinter ihnen – allerdings nur für einen Moment – die Zellentür schließt.

In der Nähe von San Francisco, wo die
Küste sich besonders steil erhebt, liegt
das legendäre Big Sur. Einst ein Symbol
für die menschenfeindliche Natur, ist
Big Sur heute eine Wallfahrtsstätte der
Künstler und Touristen. In der traumhaft
schönen Landschaft haben sich Dichter
wie etwa Henry Miller niedergelassen.
In den fruchtbaren Tälern Kaliforniens
gedeihen Obst, Gemüse und Zierpflanzen.
Napa Valley (Seite 109), nördlich von
San Francisco, war erst ein Weingarten
Gottes und der Franziskaner-Mönche,
inzwischen ist das Tal Anbaugebiet
großer Weine, die in die ganze Welt aus-
geführt werden. Viele Weine kalifor-
nischer Herkunft gelten denen aus traditionellen Anbaugebieten mittlerweile als
ebenbürtig. Als die Reblaus die Weinberge
Frankreichs und Deutschlands verdorren
ließ, wurde die robuste Chardonnay-
Traube aus Kalifornien nach Europa
reimportiert.

Zwischen Napa Valley und dem Russian River erstreckt sich das Weinland. Dort sind zwar edle und teure Tropfen zu finden, aber keine lauschigen Weinprobierstuben wie am Rhein oder an der Donau. Es ist verbrieft, daß die Franziskaner für ihre Heilige Messe Wein benutzten, aber durchaus auch schon für den unheiligen Feierabend. Viele Kalifornier von heute sagen, daß der Weinanbau die größte Leistung der Mönche gewesen sei. Andere meinen, die Franziskaner hätten Gottes Weingarten mit religiösem Eifer gedüngt. In keiner anderen Region der Welt jedenfalls haben sich so viele alternative Lebens- und Glaubensformen entwickelt wie rund um San Francisco.

Wo einst die Franziskaner-Mönche ihre Missionen einrichteten, tummeln sich heute Sinnsucher aus aller Welt.
Die seltsamsten Glaubensformen haben sich im liberalen Kalifornien herausgebildet. Etwas abseits der Zentren, im Bundesstaat Oregon, hatte sich Bhagwan Shri Rajneesh (oben) inmitten seiner Anhänger niedergelassen. Von hier aus hielt er die Fäden eines beinahe weltumspannenden Imperiums.
Die University of California in Berkeley (unten) zählt zu den renommiertesten in ganz Amerika. Vor allem in den siebziger Jahren war sie ein Ausgangspunkt der Flower-Power-Bewegung.

Sowohl das schnellebige wie das nachdenkliche Amerika betreiben hier einige ihrer Denkschulen. Und nirgendwo auf der Welt gibt es so viele »shrinks«, wie die Psychotherapeuten hier genannt werden, nirgendwo wird so viel mit Selbsterfahrung experimentiert. An den Abhängen des Küstengebirges fanden wir die Mir-Gläubigen, das ist das russische Wort für Frieden. Um an sie heranzukommen, tanzte ich ihren Reigen mit. Das berühmteste aller Bewußtseinszentren liegt unterhalb von Big Sur, das Esalen-Institut. Da sonnen sich neben den heißen Quellen die Nackten und die Schönen, machen sich körperbewußt, meditieren, bauen Gemüse und Salate in biologischer Weise an. Nach Esalen pilgerten die Musiker Simon und Garfunkel, George Harrison und Fritjof Capra – die Hochkarätigen und die Übermütigen, Überdrüssigen und ständigen Sucher. Die Scientology Church des Ron Hubbard kommt aus Kalifornien, und auch die Moonsekte sah ich direkt gegenüber dem Seminar der Franziskaner von heute in Berkeley, der Universitätsstadt jenseits der Bay Bridge. Auch die heiligen Männer von heute sind nicht gefeit: Die Dominikaner von Berkeley haben einen der ihren, den Pater Matthew Fox ausgestoßen, weil er an einem Hexensabbat teilgenommen hat.

Als das kurioseste Experiment in diesem Weingarten Gottes empfand ich jedoch Rajneeshpuram, genannt nach Bhagwan Shri Rajneesh, einem Guru aus Indien. In den Bergen hinter der Pazifikküste im amerikanischen Bundesstaat Oregon wollte sich Bhagwan Anfang der achtziger Jahre mit seinen Anhängern niederlassen. Aber selbst den toleranten Leuten der Westküste war diese Mischung zwischen Meditation und Sex zuviel. Bhagwan mußte nach Indien zurück, wo er inzwischen auch das Zeitliche gesegnet hat.

Die große Panoramastraße an der
Westküste der Vereinigten Staaten. Im
Yosemite Nationalpark: Nach dem Kahl-
schlag der frühen Jahre sorgen heute
Naturschützer für die Erhaltung des
Ursprünglichen.
Immer noch ist das Land verschwen-
derisch groß. Ob Müllhalde oder Land-
schaftskunst – die Autoreifen in der
Wüste symbolisieren, daß man
mit der Landschaft und ihren Erzeugnis-
sen bisweilen überaus großzügig umgeht.

San Francisco – das Traumziel am Golden Gate.
Auch die Russen waren hier einst Kolonialmacht, sie kamen – auf der Fährte wertvoller Pelzrobben – bis zum Fort Ross vor den Toren San Franciscos. Das feste Fort der Russen ist heute als Teil der kalifornischen Geschichte renoviert und Ziel zahlreicher Besucher (unten).
Stadt der Kontraste: Hinter der traditionellen, europäisch beeinflußten Architektur lugt mit dem Trans-Am-Building der steingewordene Geist der Moderne hervor (Seite 113).

San Francisco ist eigentlich nur eine Stadt in Kalifornien, weder die Hauptstadt – die heißt Sacramento – noch die größte Metropole – da sei Los Angeles vor. Aber San Francisco gilt als »The City«, der Bezugspunkt der gesamten Westküste bis hinauf zum Crater Lake in Oregon und bis ins Hinterland von Nevada. Wer sich für die Geschichte interessiert, der sollte von San Francisco über die Küstenstraße in den Norden bis Fort Ross fahren, gut drei Stunden mit dem Auto. Dort nämlich hörte einst der Einflußbereich der Spanier auf, begann das Territorium der Russen. Auch sie erhoben einst Anspruch auf ein Stück der neuen Welt. Sie kamen unter Vitus Bering nach Alaska, und ihre Pelztierjäger folgten der wertvollen Robbe bis nach Kalifornien. In Fort Ross hatte sich ihr Vorwärtsdrang erschöpft. Die russische Drohung aber war es, die Spanien überhaupt erst zu jener heiligen Expedition ermutigt hat, die zur Eroberung Kaliforniens führte.

Die eindrucksvolle Einfahrt in die Bucht
von San Francisco; sie trägt eines der
grandiosesten Brückenbauwerke der Welt
(S. 114).
Die Windräder versinnbildlichen nicht
nur das Bemühen der Forscher um neue
Energiequellen. In einer sehr ursprünglichen Umgebung lassen sie zugleich
Erinnerungen an die Ära der frühen
Cowboys Kaliforniens aufkommen
(oben).

LOS ANGELES

DER LANGE SCHATTEN SPANIENS

Ein spanischer Franziskaner-Pater war es, der im achtzehnten Jahrhundert mit einer Handvoll Männer die kalifornische Küste »eroberte«. Junipero Serra gründete entlang des Camino Real Missionsstationen, zu denen auch Los Angeles zählt, dessen moderne Skyline sich vor den St. Gabriel Mountains abhebt.

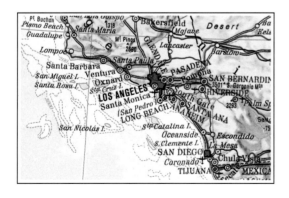

Los Angeles, Camino Real – das sind zu deutsch »die Engel am Weg der Könige«. Los Angeles ist heute in Größe und Bedeutung das Gegenstück zu New York. Der Camino Real verbindet immer noch die Küstenstädte Kaliforniens von der mexikanischen Grenze bis ins Weinland hinter San Francisco. Der Weg der Könige endete einst, wo das Einflußgebiet der russischen Kolonialmacht in Amerika begann. Die Angst vor den Russen war im achtzehnten Jahrhundert der Anlaß für eine spanische Expedition nach Kalifornien.

Aber damals schon hatte das spanische Königreich nicht mehr die Kraft für einen richtigen Feldzug. So wurden Padres auf die California Mission geschickt, begleitet von einer Handvoll Soldaten. Die Expedition begann in Baja California, das heute zu Mexiko gehört. Ihr geistlicher Führer war der Franziskanerpater Junipero Serra von der Insel Mallorca. Er und sein militärischer Landsmann Gaspar de Portola entwickelten ein System von Posten und Missionen, die jeweils eine Tagesreise voneinander entfernt sein sollten. Jede Ansiedlung sollte aus zwei Franziskanern und etwa sieben Soldaten, einigen Handwerkern und indianischen Hilfskräften bestehen.

Es ist denkwürdig und auch merkwürdig, daß eine solch kümmerliche Truppe ohne große Unterstützung aus Europa den Rosenkranz von Missionen gegründet hat, die Kaliforniens Geographie und Geschichte durchziehen. Deshalb hält sich seit Jahrhunderten das Gerücht, daß Junipero Serra seine Expedition aus einem geheimen Goldschatz finanziert hat. Der mexikanische Historiker Professor Jorge Olguin hat mir im Herbst 1992 versichert, daß es »genau sechzig Lastesel mit Gold waren, die den Grundstock für die Missionen legten«.

Und der alte Haudegen Ed Wills, der mit dem Schriftsteller John Steinbeck befreundet war, erinnert sich: »Wir folgten mit dem Jeep und dem Muli dem alten Missionsweg, den Junipero Serra zog. Er hatte seine Befehle von Kirche und König, aber er war nicht nur ein Eroberer, sondern auch ein Glücksritter. Serra hatte es nicht nur auf die Seelen der Ureinwohner abgesehen, sondern auch auf ihr Gold.«

Ob die Geschichte nun wahr ist oder wirklich gut erfunden – ein Goldesel am Anfang der kalifornischen Geschichte paßt zu dem Staat, der später den größten Goldrausch Amerikas ausgelöst hat.

Nach einem mühevollen, tausend Kilometer langen Marsch durch die Kakteenwüste in Baja California erblickten Serra und die Seinen eine herrliche Bucht am Pazifik und gründeten im Juni 1769 die Mission San

Die Missionskirche San Diego wurde 1769 gegründet und zählt damit zu den ältesten Missionsstationen. Dem Franziskaner Junipero Serra hat San Diego ein Museum gewidmet, das die Entwicklung der spanischen Missionsbemühungen dokumentiert.

San Diego (oben), das nach dem An-
schluß des alten California an die USA
1846 seinen urbanen Aufstieg begann,
markiert auch wirtschaftlich die Grenze
zu Mexiko. Hier liegt der Beginn des
amerikanischen Camino Real. Seiner
Route entsprechen heute in etwa die
malerische Küstenstraße Highway 1, vor
allem die US 101 und die Interstate 5.
Die Mission La Purissima (unten)
wurde, wie viele der übrigen noch erhal-
tenen, aufwendig restauriert.

Diego. Bis heute kennzeichnet die goldglänzende Stadt San Diego den
Übergang von der Öde in das gelobte Land. An der Grenze von heute
stoßen hart und unvermittelt Erste und Dritte Welt aufeinander: im Norden der Wohlstand, im Süden die Armut. Dieser Gegensatz wird sich erst
entschärfen, wenn die neue nordamerikanische Freihandelszone tatsächlich beide, also Mexiko und die USA, umgreift.

In dem weiten Tal, in dem heute Los Angeles liegt, errichtete Junipero
Serra im September 1771 das Kreuz für eine der schönsten Missionen in
Kalifornien, nämlich San Gabriel. Weiter unten im Tal entstand »El pueblo
de Nuestra Señora, la Reina de los Angeles de Porciúncula«. Das kleine
Kirchlein und die paar Lehmhäuser im mexikanischen Stil verschwinden
heute unter dem Ansturm der Wolkenkratzer, die auch in der Flächen-
stadt Los Angeles allmählich heimisch werden. Der Hollywood, das Stech-
palmenwäldchen in den Bergen dahinter, mußte längst Villen und Filmstudios weichen.

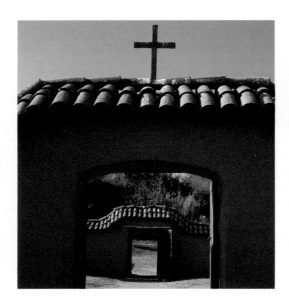

Über 600 Meilen wand sich der Camino Real von Baja California nördlich bis zur San Francisco Bay. Los Angeles (ganz oben) war eine Etappe unter den ehemals 21 Missionen, die etwa eine Tagesreise zu Pferd voneinander entfernt liegen. Zu den sehenswerten Niederlassungen der Franziskaner zählen die Missionen San Raphael (links) und San Juan Capistrano (oben).

Nördlich von Los Angeles liegt die Mission Santa Barbara (Mitte). Von den Franziskanern nie aufgegeben, beeindruckt sie mit ihrer schönen Architektur. Die Einflüsse der Missionare, aber auch der Ureinwohner sind in Kalifornien unübersehbar – von der Volkskunst bis zur Werbung für die Autowaschanlage finden sie ihren, teils befremdlichen, Ausdruck.

Merkwürdigerweise hat sich die Filmindustrie den Heldenstoff, der sich mit dem Namen Serra verbindet, bisher entgehen lassen. Filmschauspieler und Produzent Clint Eastwood aber denkt an ein Dokumentarspiel, »das dem Pioniergeist der frühen Eroberer gerecht wird«, wie er mir sagte. Clint Eastwood war Bürgermeister in dem Missionsstädtchen Carmel, wo Junipero Serras Sarkophag steht. Der Schauspieler hat aus einem Teil des Missionsgeländes eine Hotel-Ranch gemacht. Weniger geschmackvolle Zeitgenossen haben sich Kreationen ausgedacht, wie »Serra Drive-In« oder »Mission Car Wash«.

Just in dem Jahr, da Thomas Jefferson auf der anderen Seite Nordamerikas die Unabhängigkeit der Vereinigten Staaten verkündete, folgte eine erste Siedlerkolonne den Mönchen und Soldaten auf der damals noch sehr beschwerlichen Route nach Los Angeles.

Es waren Mestizen dabei, Kinder von Spaniern und Indianern, Schwarze, die meisten freigelassene oder freigekommene Sklaven, Deutsche, einst Landsknechte in Diensten Madrids, und außerdem einige Frauen – allesamt die Vorfahren der Angelinos von heute. Los Angeles ist von Anfang an eine buntscheckige Stadt gewesen.

Die guterhaltene Mission San Carlos Borromeo del Rio Carmelo (oben) hat den Ort Carmel begründet. Seine Lage in einer landschaftlich reizvollen Umgebung, die Ansiedlung zahlreicher Künstler und nicht zuletzt die Tatsache, daß das Bürgermeisteramt eine Zeitlang von Clint Eastwood bekleidet wurde, haben zu Carmels internationaler Bekanntheit beigetragen.

Zehn Millionen Menschen leben mittlerweile im Großraum Los Angeles. 73 Nationen sind hier versammelt, 82 Sprachen herrschen vor. Dabei muß gar mancher Koreaner oder Japaner sein Leben lang kein Englisch lernen, wenn er nur in seinem Sprengel bleibt. Die Asiaten haben sich hinter den Weißen und den Schwarzen einen dritten Platz in der Sozialstruktur erkämpft. Die Chinesen kamen schon, um am Bau der Eisenbahnen mitzuwirken, die Vietnamesen erst im Sog der amerikanischen Niederlage in Indochina. Die Japaner haben von allen pazifischen Völkern den größten Reibach gemacht. Der Lotus gedeiht gut in Los Angeles.

Eine Minderheit bleibt links liegen beim Höhenflug von Los Angeles: Und das sind die Mexikaner. Ihr Stadtviertel ist auch ihr Getto. Sie entladen ihren Protest malerisch an den Wänden. Wer jedoch in diese Wände hineingeboren wird, hat kaum eine Zukunftschance, bleibt hängen im bösartigen Kreislauf von Bevölkerungsdruck, mangelnder Ausbildung und fehlenden Arbeitsplätzen.

An die zwei Millionen von ihnen leben im Osten von Los Angeles – bald die größte Bevölkerungsgruppe in der Stadt. Weil es in Mexiko selbst noch weniger Arbeit gibt, strömen sie täglich über die Grenze nach. Illegale, die nur im Zwielicht eine Gelegenheitsarbeit finden. Immer auf der Flucht vor der Ausweiskontrolle; an wechselnden Plätzen lassen sie sich ausbeuten für ein paar Dollar.

Immer noch sind die meisten Landarbeiter. Sie haben halt kein Händchen für die Elektronik ausbilden können. Sie überfluten Kaliforniens

Agrar-Wirtschaft mit billiger Arbeitskraft, pflanzen und pflücken den Salat, wie ihre Ahnen auch weit vor der Ankunft der Yankees. Hier und da schafft es einer nach oben. Filmheld Anthony Quinn zum Beispiel. Er spricht bei einer 200-Jahr-Feier der Stadt, und er spricht seinen Landsleuten aus dem Herzen: »Wir wollen den Salat nicht nur pflanzen, sondern wir wollen ihn endlich auch selber essen.«

Eine Plaza della Raza, ein Versammlungsplatz – das Nachbarland Mexiko hat die Plaza gestiftet und ein paar Denkmäler aufgestellt von mexikanischen Helden aus mexikanischen Kriegen, auch Kriegen gegen die USA. Als ob im Osten von Los Angeles, nur ein paar Meilen vom Zentrum, ein Staat im Staate wäre. Der Eindruck trügt. Die Traditionen sind zwar mexikanisch, aber diese Angelinos wollen hier zu Hause sein, nicht in Mexiko City. Und sie verehren alles Amerikanische. Sie sind fasziniert von den Roaring Twenties, von Tony Quinn, Al Capone, Glenn Miller und der Harley Davidson. Sie flanieren mit ihren »Low riders«, das sind aufgemotzte alte Autokarossen, über den Sunset Strip und den Broadway von Los Angeles. Der Broadway war einst der Prachtboulevard der Oberschicht mit den großen Filmtheatern für die Uraufführungen. Die Kinos sehen immer noch wie Kathedralen aus, aber sie spielen Filme mit spanischen Untertiteln. Die venezianischen Lüster, die griechischen Säulen, die orientalischen Teppiche sind geblieben, doch das weiße Premierenpublikum ist abgewandert, geflohen vor der machtvollen Zuwanderung der Latinos, die immer mehr aus ihrer Minderheitenposition herausdrängen.

Ihre wirtschaftliche Situation zwingt viele Mexikaner, die Heimat zu verlassen und in den Großraum von L.A. auszuwandern. Meist arbeiten sie in der Landwirtschaft; Positionen mit Perspektive bleiben ihnen verschlossen. Mit ihrem Protest gegenüber dieser fast aussichtslosen Situation überziehen sie die Wände in ihrer neuen Heimat.

Vor dem Mann's Chinese Theater (oben und rechts) und am Walk of Fame (unten) haben die Stars des »Showbiz« bleibende Eindrücke hinterlassen: Von Marylin Monroe und Humphrey Bogart bis zu Jack Nicholson sind sie dort in Beton verewigt. Der einstige Glanz der Premierentheater hingegen übt kaum mehr eine solche Anziehung auf die Touristen aus.

Die Touristen in Los Angeles folgen den Spuren der Stars nicht mehr auf dem Broadway, sondern zum »Chinese Theater«. Dort sind die Fußstapfen und Handabdrücke der unerreichbaren Helden und der Wespentaillen verewigt, der Marylin Monroe und des Humphrey Bogart, auch schon wieder Stars von gestern. Die Schönen und die Reichen von heute wohnen in Beverly Hills, kaufen auf dem Rodeo Drive und haben eine Zweitvilla am Meer in Malibu Beach. Das habe ich nie verstanden. Denn Malibu Beach hat schockierend trübes und kaltes Wasser, einen Strand von mittelmäßiger Qualität und wenig Platz und ist überdies den Fallwinden der Berge ausgesetzt, die auch recht regelmäßig Brände entfachen, wie beispielsweise das große Feuer im Herbst 1993. Neben Shirley McLaine und Larry Hagman verschanzt sich der Sänger Neil Diamond in Malibu Beach, allerdings nur am Wochenende. Auch in Beverly Hills wohnt er nur zwischendurch. Meist hält er sich an der Melrose Avenue auf. In der Nähe kaufte er etwas im spanischen Stil, mit Kronleuchter, Patio und dergleichen. Seit den frühen sechziger Jahren hat Neil Diamond an die siebzig Millionen Platten verkauft von »Sweet Caroline« bis »Jonathan Livingston Seagull« – zwölf Millionen Dollar Umsatz im Jahr. Als Spielfilmstar ist er nur einmal in Erscheinung getreten, in »The Jazzsinger«; einen Oscar, die höchste Auszeichnung im Unterhaltungsgeschäft, hat er natürlich auch gewonnen.

126

Hollywood steht über allem: Doch nicht nur mit dem dominierenden Schriftzug (unten) demonstriert die Filmindustrie in Los Angeles ihre bedeutsame Position. Viele der Reichen aus Beverly Hills (links) haben dort ihr Vermögen gemacht. Aber auch andere Kulturbereiche spielen in L.A. eine große Rolle. Die »Four Arches« des Künstlers Alexander Calder (oben) und zahlreiche Museen sind attraktive Anziehungspunkte.

Dem Sunset Boulevard (rechts), den die Angelinos meist Sunset Strip nennen, sind zahlreiche filmische Denkmäler gesetzt worden. Neben der populären TV-Krimiserie »77 Sunset Strip« aus den sechziger Jahren hat Billy Wilder 1950 mit »Boulevard der Dämmerung« einen Klassiker geschaffen. Gloria Swanson, William Holden und Erich Stroheim bestachen in dem stimmungsdichten Werk, bei dem der Straße mehr als eine schlichte Kulissenrolle zukam.

Der Rodeo Drive (oben) ist die Einkaufs-
meile der Betuchten. Und das sind
keineswegs nur die Menschen aus dem
Show-Business. Vom Goldrausch der
Pionierzeit über das Erdöl haben sich
Flugzeugbau, Computertechnik und der
gesamte Elektroniksektor inzwischen zu
wichtigen Industriezweigen für die gesamte Region um Los Angeles entwickelt.

Ich fragte Neil Diamond, ob er sich vorstellen könne, nicht mehr zur Spitze der Showpyramide zu gehören: »Es geht darum«, antwortete er, »ob die Arbeit zufrieden macht und auch ein Publikum erreicht. Manchmal gelingt das und manchmal nicht.« Michael Douglas, Star der Serie »Die Straßen von San Francisco« und »Basic Instinct«, kommentierte in seinem Lieblingslokal »Spago« am Sunset Strip: »Life is not only sunglasses – das Leben hat halt nicht nur Sonnenseiten.« Aber dennoch kommen sie alle hierhin, die Großen und die Möchtegerne.

Warum der Zuzug nach Los Angeles? Erst einmal, weil es hier furchtbar viel Geld gibt. Dann, weil die Unterhaltungsindustrie ein Nimmersatt ist. Hier kann sich jeder was zusammenschreiben, ob es Musik oder Drehbücher sind. Vor allem aber, weil es sich hier so gut lebt. Die größten Landstücke – Real estate, wie Grund in Amerika heißt – wurden Anfang des Jahrhunderts aus der Wüste geschnitten, mit dem Geld der ersten Eisenbahnen, der ersten Flugzeugwerke oder dem damals größten Ölfeld der Welt, ein kleiner Park kennzeichnet die Stelle in Los Angeles.

Ein Park umgibt heute die seinerzeit größte Ölquelle der Welt (ganz oben). So wie der Hollywood Boulevard (oben) einst eine bescheidene Straße darstellte, hat sich auch das Filmgeschäft entwickelt. Von den industriellen Ausmaßen, die das Leinwand-Business mittlerweile angenommen hat, können sich L.A.-Besucher in den Studios von Universal, Warner Brothers oder der Hollywood On Location einen eigenen Eindruck verschaffen.

Die Pioniere, die Yankees, haben mit Technik und Kapitalismus den Ackerbau und die Mexikaner verdrängt, haben auch viele tausend Tonnen Schadstoffe produziert, die aus Los Angeles eine Smog-Landschaft machen. Und doch ist der Ansturm so groß, daß auch diese Stadt mit den riesigen Ebenen jetzt in die Höhe bauen muß. Neben San Francisco das begehrteste Stück Real estate im Westen der USA. Im Vorort Pazific Palisades Nummer 1677 am San Onofre Drive stand einmal eine besondere Villa zum Verkauf, für 1,9 Millionen Dollar. Besichtigung nur nach Vereinbarung. Der Filmschauspieler Ronald Reagan hatte hier vor einem halben Jahrhundert gebaut und im Eigenheim für Lichtspiele der Firma »General Electric« Reklame gemacht.

Die Einwohner von Pazific Palisades nennen ihren Vorort Hometown, Heimatstadt des Präsidenten, obwohl der längst in Rente ging. Und die Schönen des Ortes heißen Hometown-Beauties. Die Parade in Pazific Palisades wird von Immobilienfirmen ausgerichtet. Sie fahren auch gleich Pappmaché-Modelle vor und vereinnahmen den Präsidenten der Vereinigten Staaten und den Papst für Reklamefahrten.

»L.A. is the place« – Los Angeles ist der Platz überhaupt, meinen Anhänger der Stadt und hängen ihre Ideen schon einmal aus, bevor sie Wirklichkeit werden. Das Aushängen ist eine eigene Profession, die der Billboard-Macher, der Hersteller der großen Reklametafeln. Der berühmte Sunset Strip, die Straße des Sonnenuntergangs, ist gesäumt von den Hinweisschildern auf Filme, Marken, Shows und Lebensmittel. Die Größe des Billboards läßt etwas von der Dimension des Projektes dahinter erahnen. Arnold Schwarzenegger, der in Österreich geborene Muskelmann, preist das jüngste Mammutwerk an; Tom Cruise stößt die Billardkugel; Julia Roberts wiegt die Hüften.

Der nächtliche Sunset Strip, Frankensteins Monster oder ein falscher Papst – Los Angeles weiß zu beeindrucken. Wenngleich der Hollywood-Glamour nicht immer dem europäischen Geschmack entspricht, seine Einflüsse sind durchaus prägend.

Für die wirkliche Action nutzen alle Doubles ... auch ein echter Beruf. Dann lebt ein Mädchen von den schönen Beinen, die sie Julia Roberts leiht. Dann prahlt ein Stuntman von den Sprüngen, die er für Arnold Schwarzenegger wagt. Das Publikum von Los Angeles sieht die Filme auf Probe in den Testfilm-Theatern. Im Palladium-Theater habe ich einmal eine Sendung moderiert zu einem Jubiläum des amerikanischen Soldatensenders AFN in Deutschland. Es waren zu wenig Leute da, weil AFN für die Deutschen mehr bedeutet hat als für die Amerikaner. Da haben die Ingenieure nach jeder Vorführung kurzerhand Beifall vom Band eingespielt. Es klang durchaus nach vollem Haus.

Sein und Schein stellen in L.A. keinen notwendigen Gegensatz dar. Doch ganz gleich, worum es geht, wenn die Substanz fehlt, bleibt letztlich der Erfolg aus. Wer im Los Angeles Music Center (unten) auftritt, hat es geschafft. Aber auch für die Entspannung von Geist, Seele und Körper hat die Stadt ihre Refugien – von den zahlreichen Fitneß-Studios bis zur malerischen Umgebung von Fisherman's Village (Seite 133 unten).

Das gekonnte Scheinen ist mindestens so wichtig wie das Sein. Davon hat auch Walt Disney profitiert in seinem Disneyland vor den Toren der Stadt oder Michael Jackson mit seiner »Neverland Ranch«. Sie alle steigen und fallen in der Gunst des Publikums nicht nur mit ihrer Leistung oder mit der Mode, sondern auch mit der Kunst der Selbstdarstellung, beziehungsweise mit dem Verriß. In Hollywood, das vom Klatsch genauso lebt wie von den Ereignissen, die den Klatsch auslösen, gelingt es einem Star selten, über der Meute zu stehen. Aber wenn, dann zerreißt ihn die Meute des Gerüchtes um so gründlicher, sobald er sich eine Blöße gibt, wie Michael Jackson es tat.

Mehr noch als um die Stars kreisen die Angelinos um sich selbst. Der Körper ist ein Ding der Bewunderung, besonders der eigene. Um diesen Körper fit zu halten, quält sich eine ganze Generation von Karrieresüchtigen. Die Body-Tempel, die Fitneßstudios, sind ausgebucht. Der Sinn des Lebens wird auf Muskeltraining reduziert. In Venice, einem Strandvorort, der an die italienische Lagunenstadt erinnern soll, gondeln die Rollschuhläufer selbstvergessen im Disk-Man-Takt. Im großartigen Music-Center wiegen sich die Zuhörer in psychedelischen Klängen, aber auch schon mal zu Gershwin-Musik. Auf der Hollywood-Parade klatschen die Zuschauer im flotten Rhythmus der Jugendkapellen – Los Angeles ist auch eine swingende, klingende Stadt. Am liebsten höre ich die spanischen Chöre in der Mission San Gabriel, die Junipero Serra vor über 220 Jahren gegründet hat. Los Angeles, die Stadt der Engel, ist in der Tat »the place«, der Platz überhaupt, jedenfalls an der Westküste dieses großen Landes.

DALLAS

DER AMERIKANISCHE SUPERLATIV

Dallas steht einfach da: Einst eine Block-hütten-Siedlung der Pioniere, heute ein modernes Zentrum der Erdöl-, Gas-, Elek-tronik- und Flugzeugbau-Industrie. In nur 150 Jahren haben sich Dallas und die Schwesterstadt Fort Worth zu einer Metropole mit über dreieinhalb Millionen Einwohnern entwickelt. Kaum ein besserer Ausdruck läßt sich für die Rasanz der Entwicklung finden als der Blick auf die alte Blockhütte vor den atemberaubenden Wolkenkratzern (Seite 137).

In Texas ist alles eine Nummer größer: der Stiefel und der Stetsonhut, das Land und der Mensch, die Bäuche und die Mäuler. Der Texaner hat fürwahr ein großes Maul, aber dafür auch ein großes Herz. Texas war der größte Bundesstaat, bis er 1959 von Alaska überrundet wurde. Texas hat die größten Rinderherden mit den längsten Hörnern, die sogenannten Longhorns. Es hat die größten Steaks und die meisten Schlangen. Es hat noch heute die meisten Cadillacs und hatte die erste überdachte Riesen-arena, den »Astrodom«, und es hat »Big D«, die Millionenstadt Dallas.

Schon die Lage von Dallas ist einzigartig. Die Stadt wächst einfach aus dem Boden, ein Riesenpilz in der Prärie, gegründet ohne Anlaß und ohne Notwendigkeit, im Sommer zu heiß, im Winter zu ungemütlich.

Ein Händler hatte sich als erster hier niedergelassen, und bis heute ist die Hauptbeschäftigung der Einwohner und Besucher gleichermaßen der Einkauf. Weil das Klima so unwirtlich ist, haben die Architekten Dallas in die Höhe und in die Tiefe gebaut und durch Höhlengänge oder Glasdome vor der Außenwelt geschützt. Mir erscheint es wie ein Riesenraumschiff, dem die Flügel fehlen, mit stets gleicher Temperatur und ungemein steril.

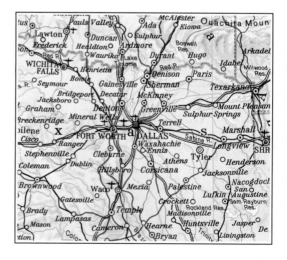

In kaum einer modernen Industriestadt der USA sind die Verweise auf die Vergangenheit so präsent wie in Dallas: Zwar ist das Pferd längst nicht mehr Transportmittel Nummer eins, dennoch sind die Alltagsgegenstände der Vorfahren immer noch weit mehr als Symbole. Sattler bilden hier keinen seltenen Handwerkszweig. Und die Stiefel – teils maßgefertigte Kultobjekte – verraten die Herkunft des Texaners, sofern er einmal in anderen Teilen der Vereinigten Staaten anzutreffen ist.

Die »Galleria« war die erste Kaufkathedrale in Amerika. Sie wurde in aller Welt von New York über Hamburg bis Tokio nachgebaut. »Loews Anatole Hotel« hat die Hotellobby zur Größe eines Marktplatzes aufgeblasen und mit opulenter Flora ausgestattet, eine Welt für sich und in aller Welt imitiert. Und das Steakhaus von Ruth Chris verweist alle Konkurrenten auf die Plätze, was die schiere Dimension des T-bone-Steaks angeht.

Mit ihren guten Einkünften kann sich die Stadt ein großartiges Kunstmuseum leisten und eine erstklassige Universität. Gleich zwei meiner Jugendfreunde lehren in Dallas, einer Kernphysik, der andere Gentechnologie. Hans Deisenhofer hat für seine Forschungen sogar den Nobelpreis erhalten. Seine Heimat Bayern ist für ihn nur noch Urlaubsort.

Die Texas Rangers sind längst keine Polizeitruppe mehr, sondern eine Baseballmannschaft; und die Dallas Cowboys spielen Football – meist in der Spitze der Liga. Für die Soccer Championship haben sie ihr Stadion ausgeliehen samt den Cheerleaders, das sind die feschen Mädchen, die ihre Röcke für die sportliche Sache fliegen lassen.

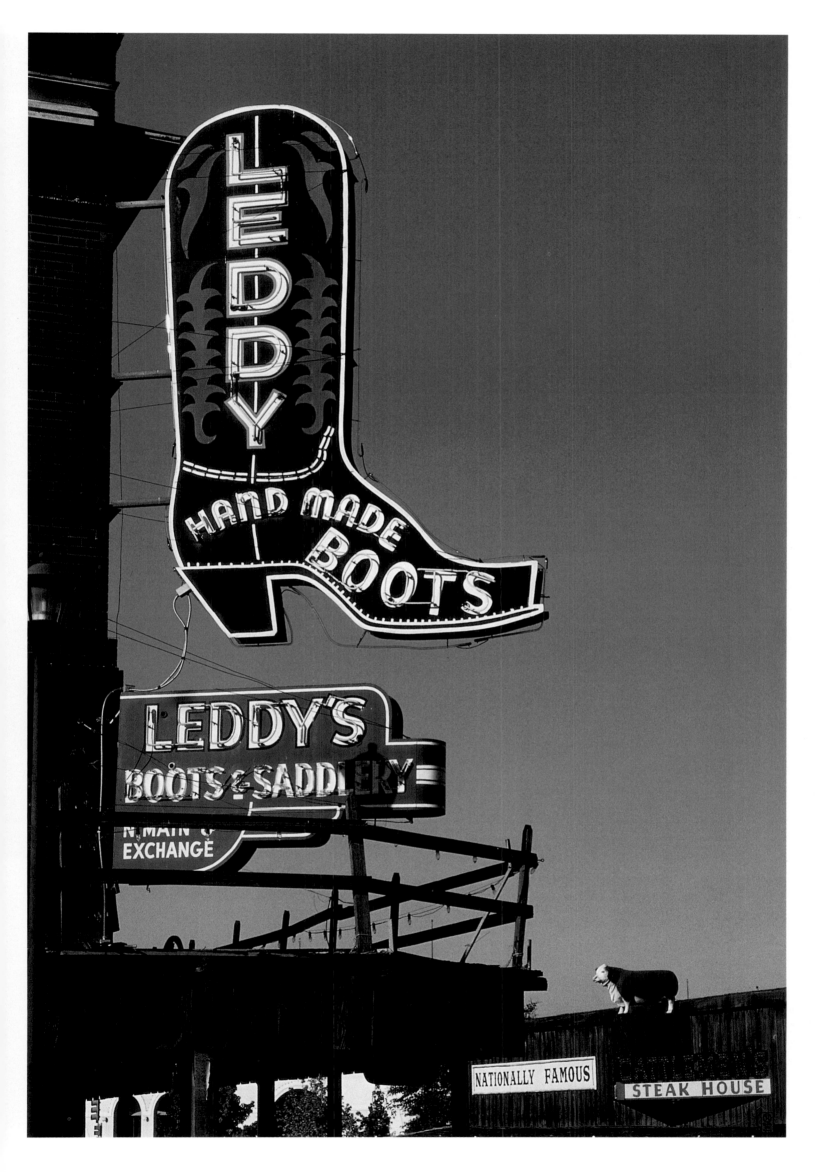

Das Rodeo hat als Wettbewerb des Cowboy-Handwerks nichts an Attraktivität verloren. Wer besonders sicher das Lasso schwingen, besonders schnell den Bullen bändigen oder den Mustang zureiten konnte, dem waren früher gute Chancen auf dem Arbeitsmarkt beschieden. Heute sind traditionelle Farmen eher Touristenattraktionen.
Schlangenlederne Stiefel und neonfarbene Stetsons – die Berufskleidung der Cowboys ist inzwischen oft zum stilisierten Mode-Accessoire geworden (Seite 141).

Mehr Tradition aber hat das Rodeo – eine Erinnerung an die große Cowboyzeit von Texas. Es ist aus dem Kräftemessen der Viehtreiber entstanden. Zum Rodeo gehören das Zureiten des wilden Mustangs, der Ritt auf dem Bullen, das Niederringen des Stiers und das Einfangen der Kälber. An den Wettkämpfen von heute nehmen über 4000 Cowboys teil, und über 15 Millionen Amerikaner strömen jährlich in die Rodeokampfbahnen. Ein Rodeo ist immer auch ein gesellschaftliches Ereignis, zu dem man sich entsprechend einkleidet. Gürtelschnallen, Stiefel und Hüte sind die wesentlichen Attribute. Als 1865 ein gewisser John B. Stetson nach Texas kam, hat er die Hutmode geprägt. Die Stiefel, oft aus Schlangenleder, weisen jeden Texaner als solchen aus, wenn er die Unbequemlichkeit auf sich nimmt, in das andere Amerika zu reisen.

Die Longhorns, zählebige Rinder mit mächtigen Hörnern, waren lange Zeit ein bedeutender Wirtschaftsfaktor in Texas. Ihre Herden zu pflegen, die Tiere über die riesigen Weideflächen zu treiben, war Schwerstarbeit.

Die Schwesterstadt von Dallas ist Fort Worth, wo einst die großen Viehhöfe lagen, Sammelstationen für die Rinderherden vor dem großen Treck in den Norden. Fort Worth, heute ein Cowboy-Museum, entstand nach dem amerikanischen Bürgerkrieg.

Während die Männer an der Front waren, verwahrlosten ihre großen Landgüter, verwilderten ihre Herden. Die Rinder schlugen sich in die Büsche des Hinterlandes und vermehrten sich in der Freiheit über die Maßen. Als man sie nach dem Kriege in der Brasada, dem Buschland, wiederfand, waren sie zu sehr gefährlichen Tieren geworden, den Texas Longhorns. Sie zu fangen und zu zähmen forderte Jagdinstinkt, Ausdauer und Geschick.

Vier Dollar kostete damals ein Longhorn in Texas, vierzig Dollar brachte es auf den Märkten weiter im Norden Amerikas. Die Zeit der großen Viehtriebe begann. Die Treiber waren nicht nur heimgekehrte weiße Veteranen, sondern auch freigelassene Sklaven. Jeder vierte Cowboy war ein Schwarzer. Dem berühmtesten unter ihnen, Bill Pickett, hat Fort Worth ein Denkmal gesetzt.

Die berühmten Schlachthöfe von Chicago waren die Endstation vieler Longhorns. Zum Zehnfachen ihres Preises in Texas wurden die Rinder auf den Märkten im Norden Amerikas verkauft. Der Eisenbahnbau beendete die Vieh-Trails: Als Waggonfracht wurden für das »Produkt« Longhorn neue Märkte erschlossen. Ein »Cowboy-Museum« würdigt die Pionierleistungen der Viehtreiber.

*Eine Menge Nostalgie und handfestes wirt-
schaftliches Interesse ist immer noch im
Spiel, wenn die Cowboys – ganz alt-
modisch und vor allem für die Touristen
aus aller Welt – die Longhorns treiben
(oben).
Rund ein Viertel der Cowboys waren
Schwarze – Sklaven, die nach dem
Bürgerkrieg freigelassen wurden. Dem
Berühmtesten unter ihnen, Bill Pickett,
hat Dallas ein Denkmal gesetzt.*

Immer noch wird in Texas Vieh gezüchtet, aber die Cowboys von heute schwingen nicht mehr das Lasso, sie machen den Pilotenschein und sitzen am Steuerknüppel. Mit Hubschraubern werden die Rinder zusammengetrieben und mit Lastwagen zu den Eisenbahnverladestationen verfrachtet.

Ich habe noch eine Ranch der alten Art gefunden. Sie wird von vierzehn schwarzen Cowboys schlecht und recht betrieben. Denn alle sind sie hochbetagt. Sie treiben die Rinder zusammen, setzen ihnen das Brandeisen auf, impfen und kastrieren sie – »working the cattle«, eine »Vieharbeit«. Dann setzen sich die alten Herren um ein Lagerfeuer, essen Salzfleisch mit Bohnen, trinken dazu Zichoriekaffee und beschwören die guten alten Zeiten – »Cowboygarn«, abenteuerliche Geschichten.

Aus ihrer mündlichen Überlieferung erwächst ein Heldenbild des schwarzen Cowboys und Ur-Texaners: Nat Love, der auf der Flucht vor Indianern auf einem Pferd ohne Sattel hundert Meilen in zwölf Stunden zurückgelegt hat. Britton Johnson, der als bester Schütze in Texas galt. Black Mary Fields, die Postwagen fuhr und der Schrecken aller Banditen war. Schließlich Cherokee Bill, ein notorischer Bankräuber. Als man ihn fing und vor dem Galgenstrick ein letztes Wort erteilte, soll er gesagt haben: »Ich bin nicht hier, um zu reden, sondern um zu sterben!«

Die alten Cowboys, sie sind noch Charly Smith begegnet, der erst 1979 starb und damals angeblich 136 Jahre alt war. Er ritt an der Seite des berüchtigten Bankräubers Jesse James, tat später Buße und trat einer Baptistengemeinde bei.

Die Filmstudios von Hollywood haben die Arbeit der Cowboys glorifiziert; mit ihr verbinden wir die Vorstellung von Freiheit in endloser Weite. Schon immer aber ist diese Arbeit nüchterner gewesen, spätestens seitdem die Technik Einzug gehalten hat.

Rund um Dallas und Fort Worth finden sich noch einige Farmen, die nach den Traditionen geführt werden. Sie vermitteln den Besuchern aber auch einen recht realistischen Einblick in den Arbeitsalltag der berittenen Viehtreiber. Wenn heute dagegen von den »Dallas Cowboys« die Rede ist, spricht man über ein Profi-Footballteam, das im »Texas Stadium« seine Auftritte hat.

Alle diese Schwarzen ritten mit durch den wirklichen Westen, aber sie haben irgendwie den Weg nicht gefunden in den Roman oder auf die Filmleinwand oder in die Schulbücher. Dabei haben die schwarzen Cowboys genauso die Rinder getrieben, das Lasso geschwungen, den wilden Mustang geritten. Sie erfroren im Schnee, sie ertranken in den Flüssen, sie starben an Schlangenbissen, sie kämpften mit den Weißen gegen die Indianer und mit den Indianern gegen die Weißen. Sie kämpften auch auf beiden Seiten des Bürgerkrieges und manchmal sogar gegen das Gesetz.

Sie waren nicht besser und nicht schlechter als die anderen Cowboys. Nur als später die Geschichte zur Legende wurde und nach Hollywood kam, da gingen sie leer aus, da haben sie keine Rolle erhalten. Im Film haben nur Weiße den Wilden Westen erobert. Steward Granger, der neben John Wayne und Gary Cooper durch das Filmtexas ritt, sagte mir einmal: »Das Publikum wollte seine Helden weiß; mit dem Ansehen der Schwarzen war kein Geld zu machen. Ein Schwarzer wie Bill Cosby, der heute im Fernsehen Millionen verdient, hätte zur großen Zeit des Wildwestfilms keine Chance gehabt.«

Wie sehr sich das Bild inzwischen geändert hat, beweist die Wiederentdeckung des »Buffalo Soldiers« durch die Presse und die Geschichtsschreibung, die sich in der letzten Zeit vermehrt für das Thema interessieren. Nach dem Bürgerkrieg und der Sklavenbefreiung hatte die Regierung in Washington vier Farbigenregimenter aufgestellt, die gegen die Indianer in den Kampf geschickt wurden. Die schwarzen Reiter wurden von den Apachen und Komanchen in Texas respektvoll Buffalo-Soldaten genannt, weil sie, wie die Büffel, gekräuselte Haare hatten.

Der Historiker William Leckei schreibt dazu: »Ihr Lohn war gering, die Disziplin streng und die Todesgefahr immer groß. Sie haben gegen den Apachenhäuptling Victorio gekämpft und die Rebellion des Siouxhäuptlings Sitting Bull niedergeschlagen.« Eines ihrer Reiterregimenter wurde neu aufgestellt. Selbstverständlich kämpfen sie heute nicht mehr gegen die Indianer, sondern zeigen Touristen die Kunst der Attacke.

Die meisten Soldaten von heute sind jedoch weiß. Das hat nichts mit Rassenvorurteilen in den Streitkräften zu tun, gerade hier hat das farbige Amerika längst Einzug gehalten. Schon in den beiden Weltkriegen, später in Vietnam und Korea kämpften Schwarze und Weiße, Latinos und Indianer Seite an Seite.

Schwarze, Weiße, Latinos und Indianer, die sich in zahlreichen Auseinandersetzungen der Vergangenheit gegenseitig bekämpft haben, bilden heute die Bevölkerung von Texas. Aus der Position einer ethnischen Minderheit versuchen die Indianer, ihre Kultur vor dem Untergang zu retten.

Neuerdings ist sogar der große Trennfluß zwischen Texas und Mexiko kein Hindernis mehr. Der Rio Grande, den die Mexikaner Rio Bravo nennen, fließt seit dem großen Freihandelsabkommen der amerikanischen Staaten »Nafta« mitten durch Nordamerika. Die Mexikaner müssen ihn nicht mehr heimlich überqueren, sondern kommen ungestört am hellichten Tag. Der Südwesten der Vereinigten Staaten wird zu einer Art Sammelbecken des »Homo Americanus« – Schwarz, Weiß, Rot – und die vielen Farbschattierungen dazwischen.

Wie so oft spielt dabei die Filmindustrie eine Vorreiterrolle. In Clint Eastwoods Film »Unforgiven« ist ein Schwarzer Held und Märtyrer zugleich. In dem Westernepos »Lonesome Dove« sind die Schwarzen die besseren Menschen, und in dem ausführlich vorgefeierten Indianerdrama »Geronimo« ist dieser letzte große Apachenkrieger kein finsterer Mörder, sondern ein Tragöde des Untergangs einer Zivilisation. Die so lange verdrängten farbigen Amerikaner kehren in das Gedächtnis der Nation zurück. Unter ihnen auch die »bösen« Komanchen, der Schrecken der weißen Siedler.

Die Befriedung der Komanchen haben übrigens deutsche Einwanderer mitbetrieben. Ein Baron Meusebach und der Mainzer Adelsverein hatten 7000 Kolonisten in das Hillcountry von Texas gelockt. Die Deutschen gründeten dort Gemeinden wie New Braunfels, Tusculum, Boerne, Schulenburg oder Weimar und schlossen mit den Komanchen einen Vertrag, der niemals gebrochen wurde. Die Deutschen hatten Anfang der Dreißiger Jahre des vorigen Jahrhunderts zuhause vergeblich versucht, größere Freiheiten von der Obrigkeit zu erlangen. Was ihnen in Deutschland versagt blieb, wollten sie sich in der Fremde erkämpfen. Sich in Texas eine Art Staat im Staate zu schaffen, ist ihnen aber nur eine kurze Zeitspanne gelungen, zwischen 1836 und 1845, als Texas eine eigenständige Nation, der Lone Star State, war. Mit der heldenhaften Verteidigung der Mission El Alamo begann der Unabhängigkeitskampf gegen Mexiko, mit der Annexion des Staates durch Washington neun Jahre später endete diese Unabhängigkeit wieder.

Mit fast 700 000 Quadratkilometern umfaßt Texas die doppelte Fläche Deutschlands, besiedelt von nur 20 Millionen Menschen. Die Kultur der Ureinwohner steigt in ihrer Präsenz und sei es auf dem Souvenirmarkt. Die karge Weite dominiert das Land: von wüstenähnlicher Trockenheit in den Hochebenen des Westens bis zu subtropischem Klima im Südosten.
Der Rio Grande (Seite 149) bildet die Grenze zu Mexiko. Während das Handelsabkommen von 1993 die Barriere für Waren durchlässiger macht, stoßen viele Einwanderungswillige nach wie vor auf Ablehnung.

Bis heute aber sieht sich Texas als ein ganz besonderes Stück Amerika, tragen die Einwohner die Erinnerung an den Lone Star State im Herzen.

Dieses Selbstbewußtsein hat am 22. November 1963 einen schweren Schlag erlitten: An diesem Tag wurde John F. Kennedy in Dallas erschossen. Zu dieser wirklichen Schmach kam der Imageverlust in Form einer erfolgreichen Fernsehserie, die das Böse an Texas zum Serieninhalt hat, nämlich »Dallas«. Zu allem Überfluß schrieb der Erfolgsautor Larry B. King das Musical »Das kleine Freudenhaus in Texas«.

Die Texaner rechnen gerne dagegen auf, daß sie der Nation zwei große Präsidenten gegeben haben: Dwight D. Eisenhower und Lyndon B. Johnson. Sie lieferten mit Ross Perot auch einen Präsidentschaftskandidaten, der der Nation den rechten Weg zuweisen wollte.

Mich überzeugt hingegen am meisten der Schriftsteller James B. Michener, der Texas ganz einfach deshalb lobt, »weil hier die guten Stories zuhause sind«.

Der Lone Star (oben) symbolisiert die Unabhängigkeit Texas´, die jedoch nur neun Jahre andauerte. Seit 1846 ist Texas ein US-Bundesstaat. Doch die Einwohner kultivieren ihr Image der Besonderheit.
Ähnlich dem Camino Real in Kalifornien gibt es auch in Texas eine Missionsstraße, an der auch San Jose (unten) gelegen ist.
Neben der Rinderzucht bilden auch der Anbau von Baumwolle (rechts), Reis und Zitrusfrüchten wichtige Faktoren für die die Wirtschaft von Texas. Die Entdeckung des Erdöls hat seine bedeutende Rolle unter den anderen Bundesstaaten erst gesichert.

ORLANDO
UND DIE MÄRCHENWELT

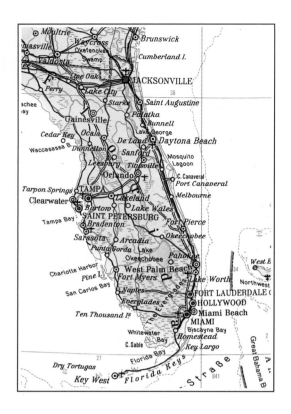

Florida ist der Platz der ersten und der vorläufig letzten Eroberung auf dem heutigen Territorium US-Amerikas. In St. Augustine gingen vor 500 Jahren die Spanier an Land. In Orlando haben die Mäuse vor gut 20 Jahren das Regiment übernommen – die Mickeymäuse. Zu ihrem direkten Gefolge gehören 35000 Angestellte. Die Hilfstruppen sind 200000 Mann stark, und ihr Heer wird täglich größer.

Übersetzt heißt das: Orlando war eine verschlafene Kleinstadt im Innern der Halbinsel Florida, bis die Mannen von Walt Disney kamen und ihr Märchenreich gründeten. Ihr Erfolg hat viele andere nachgezogen und aus Orlando die Hauptstadt eines amerikanischen Fantasialandes gemacht. Da sind die Meerjungfrauen im Unterwassertheater von Weeki Wachee Springs, da ist Kumba, die größte und schnellste Achterbahn der Welt. Da lassen die Metro-Goldwyn-Mayer- und Universal-Studios ihre Stuntmen auf das freudig-erschreckte Publikum los. Da ringen Krokodile und Schlangen mit den Dompteuren von Gatorland. Da tanzen und singen die Popstars in der viktorianischen Atmosphäre der Churchstation, des alten Bahnhofs von Orlando, und da ist die Seaworld der Killerwale. Aber keine dieser Attraktionen von Orlando kann es mit Walt-Disney-World aufnehmen, jedenfalls nicht in der Größenordnung.

Eintauchen ins Reich der Träume: Heiterkeit kommt auf bei den Kunststücken der Delphine im Marineland of Florida. Entspannung verschafft der Bummel über den Hollywood Boulevard in Orlandos Disney World, wo »M.M.« in den Metro-Goldwyn-Mayer-Studios die Besucher empfängt, und wo von der Wildwasserbahn bis zur Unterwasserwelt eine solche Fülle von Attraktionen entstanden ist, daß kein Gast an einem Tag alles »abhaken« könnte. In dem Vergnügungspark gigantischen Ausmaßes ist auch hierfür gesorgt: Die vielfältigen Unterbringungsmöglichkeiten zwischen Campingplatz und Luxushotel haben rund ums Jahr geöffnet. Niemals hätten sich diesen Auftrieb der Millionen die rund 100 Einwohner träumen lassen, die in Orlando lebten, als das verschlafene Dorf 1875 die Stadtrechte erhielt.

155

Im »Magic Kingdom« regiert Mickey Maus. Sie hatte unlängst fünfundsechzigsten Geburtstag. Denn geboren wurde sie 1928 in einem Zug zwischen New York und Los Angeles. Ihr Geburtshelfer hatte mit einem Hasen namens »Oswald« Pech gehabt bei einem New Yorker Manager, und auf dem Weg zurück nach Kalifornien verfiel Walt Disney auf die Maus. Auch sie hatte es am Anfang schwer: Ihre Persiflage auf den Ozeanflug von Charles Lindbergh kam überhaupt nicht an, noch dazu als Stummfilm. Da lieh Disney der Maus seine Stimme. Ihr Quäken hat sofort die Kinderzimmer erobert. Zuerst war Mickey Maus eine Zeichnung, dann ein Filmstar, dann ein Unternehmen. Ersten Landgewinn verbuchte die imperiale Maus in Disneyland bei Los Angeles, ein Königreich hat sie in Orlando gewonnen.

Im Triumphzug zieht sie über die Mainstreet USA im Magic Kingdom. Als Fotomodell posiert sie auf dem Hollywood-Boulevard in den MGM-Studios, und als Gast besucht sie die anspruchsvollere Stadt der Zukunft, »Epcot« in der amerikanischen Abkürzung. Mit von der Partie sind Goofy und Donald Duck, Pluto und Aladdin mit der Wunderlampe.

The Magic Kingdom – das Reich der Phantasie, in dem Mickey, Minnie, Goofy, Donald, aber auch Aschenputtel, Aladdin und Bambi – eben die ganze Schar der Disney-Figuren herrschen. Allein dieser Teil der Disney World kann ohne Schwierigkeiten ein kurzweiliges Tagespensum füllen. Und längst nicht nur Kinder lassen sich gern von der »Realität« gewordenen Fiktion in den Bann ziehen.

Allabendlich leuchtet Magic Kingdom im Schein des Feuerwerks. Als ob er nur auf einen Sprung zu Hause wäre, scheint Mickeys Auto geparkt.
In das 21. Jahrhundert ins Epcot-Center – dem dritten großen Bereich neben Magic Kingdom und den MGM-Studios – führt die Einschienenbahn. Das silbrig-glänzende »Raumschiff Erde«, ein riesiges Aquarium oder eine spannende Reise von der Stein- bis zur Neuzeit sind nur einige Besuchsstationen.

Die Maus mit den weißen Handschuhen, den roten Shorts und den gelben klobigen Schuhen hat aber zum Teil höheren Ambitionen weichen müssen. Dem »Raumschiff Erde« zum Beispiel, kommentiert von Walter Cronkite, dem Altmeister der Nachrichtenansager. Die Raumschlacht führt »Captain EO«, alias Michael Jackson, und in die Filmtrickkiste greift »Indiana Jones« mit seinen Stuntmen. Die 11 000 Gästebetten in diesem Königreich sind für die besser betuchten Touristen reserviert. Sie können in der Südsee, im karibischen Meer oder in Art Deco schlafen und im Yachtclub, auf der Schatzinsel oder im Schwanenhotel speisen – alles gut und allemal teuer. Das gewaltige Areal verbindet eine Einschienenbahn. Sie hat im Flughafen von Orlando eine Nachahmung gefunden.

Überhaupt verschwimmen in dieser Ferienwelt Magie und Wirklichkeit. Am stärksten wird dies an der »Spacecoast« deutlich, dem nahegelegenen Raumbahnhof von Cape Canaveral. Scheinbar haben sich die Nasa-Ingenieure auf das Disney-Publikum eingestellt. Denn die Führung durch das Spacecenter, der Saum von Geschäften und Imbißlokalen rundherum hat auch etwas Mickeymaushaftes an sich.

Ich war Zeuge des ersten Spaceshuttle-Starts mit dem Massenauftrieb der Schaulustigen. Ihr »Ah« und »Oh« im Angesicht der feurigen Szene unterschied sich nicht von der Begeisterung für das abendliche Feuerwerk über der Lagune von Epcot.

Das Gelände um das Raumfahrtzentrum, wie auch die Landschaft, in der Disneyworld eingebettet liegt, erinnern allerdings ständig daran, daß Florida nicht nur aus Menschenwerk besteht, sondern aus purer Natur. Die Wildnis um die Technik wird sorgfältig geschützt. Affen schwingen durch die Bäume, Reiher fliegen über die Sümpfe, Krokodile baden in der Sonne. Gerade von letzteren gibt es so viele, daß ihr Fleisch zum Volksessen gehört, zum Beispiel als »Gatorstew«.

Weil das Wasser seicht ist, gelangen nur Flachboote ins Hinterland. Ein Pilot ist mal auf die Idee verfallen, sie mit Flugzeugpropellern über Wasser anzutreiben. Man kennt die Boote, die mit hoher Geschwindigkeit über das Wasser rutschen, dröhnend laut über die Flora hinweg und die Tiere verschreckend.

Die Idylle wird angereichert durch das Tierparadies von Kissimee, ein Name übrigens aus der Sprache der Seminolen. Von diesem Indianervolk sind nur wenige Nachkommen geblieben. 1812 haben die Seminolen ihren letzten Kampf gegen die Weißen geführt und verloren. Damals schon waren sie ein Mischvolk von Flüchtlingen, zum Teil entlaufenen schwarzen Sklaven. Die stolze Frühgeschichte der Seminolen erzählen nur noch versteckte Totempfähle, die Schwarzen hingegen fanden im amerikanischen Bürgerkrieg die Freiheit. Eine Schriftstellerin aus Florida hat mit einem Buch, das zum Bestseller wurde, ihre Leser auf die Sklavenbefreiung eingestimmt. Mit »Onkel Toms Hütte« hat Harriet Beecher Stowe 1852 amerikanische Geschichte geschrieben.

»Krokodile überqueren die Fahrbahn«. Ob im Gatorland-Zoo oder in freier Wildbahn der Naturparks – die urzeitlichen Reptilien sind in Florida gehegte und gepflegte Attraktion. An der langgezogenen Atlantikküste zwischen Jacksonville und der Inselstrecke der Keys im Golf von Mexiko lassen sich Pelikane, zahlreiche Strandvögel, aber auch riesige Wasserschildkröten beobachten, die dort ihre Eier vergraben.

Tallahassee, Floridas Hauptstadt, Wauchula, Okeechobee oder Kissimee – die Namen zahlreicher Städte oder Seen deuten auf ihre indianischen Ursprünge hin. Heute ist Florida ein Konglomerat der Einflüsse – und zweisprachig. Die spanisch-karibischen Abenteurer haben den Grundstein gelegt, die offiziellen Schrifttafeln nehmen auf die zahlreichen Einwanderer aus Cuba und anderen spanisch sprechenden Ländern Rücksicht. In den Mangrovensümpfen mit tropischer Luftfeuchtigkeit und Vegetation erinnert das »Spanische Moos« in den Baumkronen (unten) an die Pioniere aus der Alten Welt.

163

Einer der erfindungsreichsten Köpfe der USA, Thomas Alva Edison, hat auch in Florida Spuren seines Wirkens hinterlassen: Von der Glühbirne über das erste Filmstudio bis zur Sammlung exotischer Pflanzen reicht die Palette seiner Arbeiten, die man im Edison-Museum in Fort Myers bestaunen kann.
Edison, eher ein Versachlicher der Welt – Disney, ihr Verniedlicher: Rund um den Globus ist die Arbeit beider nicht mehr wegzudenken. In Florida schlägt das Pendel zwischen diesen Polen zugunsten des Niedlichen aus.

Auch das Zeitalter der Technik, das sich in der Disneyworld und im Kennedy Space Center so eindrucksvoll darstellt, hat einen Vorreiter in Florida: Thomas Alva Edison, der nicht nur die Elektrizität nutzbar zu machen wußte, die Glühlampe und Hunderte weiterer Errungenschaften entwickelte, sondern auch das erste Filmstudio, die »Black Mary«, aufbaute – er war ein Zaubermeister der Technik und der Magie gleichermaßen.

Edison war nicht nur erfindungsreich, sondern auch eifersüchtig auf die kommerzielle Ausbeutung seiner Erfindungen bedacht. Er sah im Film keine kommende Kunstform, eher ein technisches Mirakel. Als ihm ein Gericht 1907 das Patentrecht auf Film zuspricht, gründet er die »Motion Picture Patent Company«, eine Art Filmmonopolbetrieb. Beeindruckt von der Einführung des Fließbandes durch Henry Ford, läßt Edison schnell und billig Bewegungsabläufe auf Zelluloid bannen. Die holprigen Abläufe aus den Kinderschuhen des Films sind noch heute die Galoschen von Mickey Maus und seinen Kumpanen.

Die Verniedlichung der Welt hat von den Kindern auf die Eltern übergegriffen – und von den Amerikanern auf den Rest der Welt. Von Japan bis Frankreich verfallen die Menschen der Mickey Maus. Von Tokio bis Paris warnen die Politiker vor Überfremdung und lassen Disney Worlds entstehen. In Japan ist »Miki Mousu« ein großer Erfolg, in Paris ein Flop.

Die Europäer – und da wieder besonders die Deutschen – erleben die magische Welt lieber dort, wo sie zuhause ist, in Orlando. Sie verbinden ihre Überseereise mit Ausflügen an die Sonnenküsten Floridas. Sie folgen den Spuren von Ernest Hemingway nach Key West, von John D. Rockefeller nach Palm Beach oder von Steffi Graf nach Boca Raton. Sie gehen nach Daytona Beach zum Autorennen, das wiederum alle Jahre zur großen Harley-Davidson-Schau wird, oder nach Miami Beach zum Flanieren. Sie entdecken, daß die Strände nicht so verlockend sind wie im Prospekt und daß sie das Naturparadies der Everglades mit den Moskitoschwärmen teilen müssen. Im Fischrestaurant stellen die Touristen erstaunt fest, daß die Preise für die einheimische Krebs- und Krabbenbevölkerung ungewöhnlich hoch sind, daß das nahrhafte Eiweiß verkocht oder bis zur Geschmacklosigkeit verbacken aufgetischt wird.

Mit Dankbarkeit nehmen sie hingegen wahr, daß dafür der Service um einen Quantensprung freundlicher ist als bei uns und die Innentemperatur der Restaurants auf Nordpolgrade heruntergekühlt wird. Der Sonnenstaat Florida läßt auch merkwürdig wenig Licht in die Bars und Speiseräume. Dennoch stellt sich Florida langsam um auf die europäische Erwartungshaltung. Mediterrane Züge ziehen in die Hotelneubauten ein. Der spanische Patio und die italienische Säule, das französische Riviera-Ambiente und die arabische Kasbah lassen grüßen. Florida ist heute eine Komposition, die es den Deutschen angetan hat.

Florida – das ist Erholung pur. Golf, Tennis, Surfen, eine beschauliche Partie am Pool oder exotische Naturimpressionen, die witterungsgeprüfte Westeuropäer auf andere Gedanken bringen: Die Ballungszentren, voran die Metropole Miami, die Küstenregionen oder die Naturparks, wie der Everglades National Park südlich von Miami, lassen kaum touristische Wünsche offen.

Florida ist flach. Gerade einhundert Meter ragt das Land zwischen Atlantik und Golf von Mexiko aus dem Wasser. Und Wasser durchzieht das gesamte Terrain (rechts). Auf der Golf-Seite nahe St. Petersburg etwa liegt das idyllische Venice, wie das europäische »Vorbild« von Kanälen durchzogen.

Wo im Winter das Thermometer noch bei 24 Grad Celsius verharrt, Kälteeinbrüche höchst selten und der tägliche Regenguß eine willkommene Abkühlung sind, läßt es sich leben. Zumal, da für Touristen und Langzeit-Urlauber ein Paradies der Abwechslungen geschaffen wurde.

Das Jahr 1994 – für die Touristik-Wirtschaft Floridas ein besonderer Höhepunkt, der exzeptionelle Scharen anlockt: Es ist das Jahr der ersten Fußballweltmeisterschaft in den USA, ausgerichtet von der Disney Company. Auch das Stadion von Orlando ist ein Austragungsort. Es liegt im Schwarzenviertel der Stadt, gleich neben einem Fischteich – Florida ursprünglich, Florida in Stahlbeton.

Schon jetzt haben viele Deutsche aus dem »Sunshine State« ihre zweite Heimat gemacht. Sie lassen sich von der Verbrechensrate nicht schrecken, sondern von der hohen Lebenserwartung locken. Wenn sie Harmoniebedürfnis verspüren oder Langeweile haben, dann ist Orlando nicht weit, die Märchenwelt Amerikas.

Daß die Schattenseiten im »Sunshine State« Florida nicht überhand nehmen, daß Touristen und Einheimische gleichermaßen Strände und Sehenswürdigkeiten – zum Beispiel auch während der Fußballweltmeisterschaft 1994 – genießen können, dafür sorgt eine Polizeistaffel, die bestens organisiert und vielfach präsent ist.

WASHINGTON

DAS CAPITOL DER NEUEN WELT

Als »Kreuzung zwischen einer Kathedrale und einer Anlage zur Baumwollverarbei-tung« empfanden zeitgenössische Kriti-ker das alte Postgebäude, dessen Turm hier durch die Galeriekuppel scheint. Rund 100 Meter hoch, bietet er nicht nur imposante Aussichten; er trägt außerdem die zehn »Kongreß-Glocken« – Nachgüsse von Glocken der Londoner Westminster Abbey; sie läuten übrigens in d-moll.

Washington ist heute weit mehr als eine bloße Beamtenhochburg und Verwaltungszentrale für die Vereinigten Staaten. Der Stadt-teil Georgetown bietet den Touristen ein buntes Nachtleben, und das Adams-Morgan-Viertel bedient mit seinen vielen Bars und Restau-rants die einheimische Kundschaft. Das religiöse Amerika hat einen ein-drucksvollen Kranz von Kirchen um die City geflochten, darunter die neu-gotische Kathedrale und den riesigen katholischen Dom. Das kulturelle Amerika spiegelt sich in den vielen Museen auf der Mall, einer Prome-nade, die sich vom Capitol bis zum Potomacfluß erstreckt. Schließlich führt Washington eine traurige Statistik des Verbrechens und einen fröh-lichen Rekord der Festivals an.

Aber schon der Blick beim Anflug auf die glänzende Stadt zeigt die kapitalen Züge ihrer Gründungsidee: das Rom der neuen Welt.

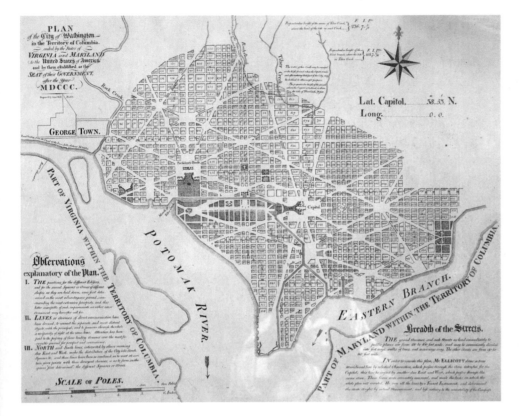

Im Jahr der französischen Revolution in Europa entwarf der französische Militäringenieur Pierre L'Enfant für seinen Auftraggeber George Washington einen Plan von wahrhaft majestätischem Ausmaß, »der dem kommenden Ruhm der Nation gerecht wird und der großzügig genug ist, um Verschönerungen und Vergrößerungen in noch so ferner Zukunft aufnehmen zu können«, wie L'Enfant seine Vorstellungen beschrieb.

Die Vision der nationalen Metropole: George Washington (oben rechts) und Architekt Pierre L'Enfant wollten eine imperiale Großstadt bauen. Die Großzügigkeit des Entwurfs hat sich bis heute als prägender Zug der Stadtarchitektur erhalten.

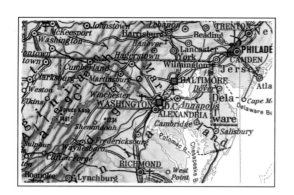

Das Washington von heute zeigt, wie großzügig und gleichzeitig vermessen dieser Anspruch damals war. Immer noch hat diese Stadt Platz für ein neues Monument oder einen Ministeriumneubau, und immer noch zeigt sie häßliche Lücken.

Die Vision Washingtons und seines Stadtplaners hat auf die einstige Kolonialmacht Großbritannien wie früher amerikanischer Größenwahn gewirkt. Immerhin haben die Briten dies neue politische Machtzentrum ernst genug genommen, um es im Feldzug von 1814 niederzubrennen. Dolly Madison, die energische Frau des vierten Präsidenten der USA, ließ die feuergeschwärzten Fassaden des hohen Hauses dick mit weißer Farbe überstreichen; seitdem trägt es seinen Namen: »the white house«. Diese rührende Geschichte erzählt eine Tonbandstimme den vielen Millionen Besuchern vor dem Eisenzaun, während sie auf eine Führung warten oder einen Blick auf den jeweiligen Amtsinhaber erhaschen wollen.

Jeden Wochentag formiert sich eine Menschenschlange zum Besuch »in the house of the president«. Allein Frühaufsteher haben den derzeitigen Hausherren zu Gesicht bekommen, nämlich beim Jogging. Der ein wenig schwerhüftige William Jefferson Clinton will bei Figur bleiben. Zum Auslauf hat er eben nur vor dem Zwölf-Stunden-Arbeitstag Gelegenheit.

Bill Clinton hat sein Haus gerichtet, das Weiße Haus. Damit meine ich nicht die Staatsangelegenheiten und das Personal, sondern die Inneneinrichtung und das Mobiliar überhaupt. Jeder Präsident hat dem ersten Haus der Nation, in dem er ja mindestens vier Jahre lebt, seinen persönlichen Stil verliehen. Seit die Frauen im Weißen Haus mitregieren, ist dieser Stil weniger martialisch. Nicht mehr die Schlachtenbilder und die Feldherren, sondern die Kuschelsofas und Chintzvorhänge haben Vorrang. Jackie Kennedy hatte Eleganz mitgebracht, Nancy Reagan Pomp, Barbara Bush einen Hund. Mit den Clintons zog Südstaatenherrlichkeit ein. Offenbar dienten die Filmdekorationen für »Vom Winde verweht« als Vorlage. Soviel Plüsch hat das Weiße Haus lange nicht gesehen. Als würdiges Umfeld für seine privaten Bücher und Fotos hat Bill Clinton den »Treaty Room« gewählt. Hier steht auch der schwere Schreibtisch, der auf den Rasen hinter dem Haus geschleppt wird, wenn vor aller Öffentlichkeit und bei gutem Wetter wichtige Verträge unterschrieben werden. Ich sah dieses massive Möbel anläßlich der Unterschrift unter den historischen Vertrag, den Arafat und Rabin im September 1993 geschlossen haben.

Kurz nach der Gründung der USA, als Kompromiß zwischen den Nord- und den Südstaaten, wurde die Stadt am sumpfigen Ufer des Potomacflusses Sitz der Regierungszentrale.
»Fit for business«: Vor seinem 12-Stunden-Arbeitstag zieht Präsident Bill Clinton Jogging-Runden in der Umgebung des Weißen Hauses wie hier unter den japanischen Kirschbäumen auf dem Weg zum Jefferson Memorial.
Dem Interieur des Amtssitzes hat noch jeder Präsident seinen individuellen Geschmack aufgeprägt: Mit dem 42., William J. Clinton, zog viktorianischer Pomp ein.

Außer für den ersten Präsidenten der Vereinigten Staaten, George Washington, war für sämtliche seiner Nachfolger das Weiße Haus die offizielle Residenz. »Oval Office« – nach seiner Form benannt läßt das Büro des Präsidenten die Machtfülle des Amtes sinnfällig werden.

Thomas Jefferson war nicht nur Präsident, sondern auch Architekt der Nation. Seine Ideen flossen in den Grundriß der Hauptstadt und in die ungewöhnliche Form seines Landsitzes Monticello in Virginia (unten). Anläßlich seines 200. Geburtstages, 1943, wurde zu Ehren des bedeutenden Staatsmannes, der auch die Unabhängigkeitserklärung und die »Bill of Rights« formulierte, eine Gedenkstätte errichtet (Seite 177).
Genau 169 Meter mißt der Obelisk, der, bereits 1888 fertiggestellt, an die herausragende Rolle George Washingtons erinnert (Seite 178).
Mit unverkennbaren Anklängen an die Antike setzten die Amerikaner Abraham Lincoln ein Ehrenmal, das eine weit überlebensgroße Figur des Präsidenten birgt (Seite 179). Innerhalb der Mall bilden Capitol, Washington Monument und Lincoln Memorial eine Achse, die vom Weißen Haus und bedeutenden Museen flankiert wird.

Vom Weißen Haus hat der 42. Präsident der Vereinigten Staaten, Bill J. Clinton, einen direkten Blick auf das Pantheon für Thomas Jefferson, den 3. Präsidenten der Nation. Und im neu dekorierten Oval Office, seinem – oval geformten – Büro, erhielt die Büste Jeffersons einen Ehrenplatz neben John F. Kennedy und Franklin Delano Roosevelt. Die politische Ahnentafel ist nicht zu übersehen: Kennedy betrachtete Jefferson als geistigen Vater der demokratischen Partei und erwies ihm oft seine Reverenz. So hatte er einmal die amerikanischen Nobelpreisträger zu einem Essen im Weißen Haus mit dem Satz begrüßt: »Noch nie saß so viel geballtes Talent an diesem Tisch, seit Thomas Jefferson hier ganz alleine dinierte.«

Franklin Delano Roosevelt wiederum hat das Denkmal für Jefferson im April 1943, also mitten im Zweiten Weltkrieg, eingeweiht: »... weil er, wie wir, glaubte, daß auf Dauer die öffentliche Meinungsbildung dem Diktat der Alleinherrscher überlegen ist.«

Clinton, dessen »J.« im Vornamen für Jefferson steht, hat seiner Seelenverwandtschaft auf ungewöhnliche Weise Ausdruck verliehen. Zu seiner Amtseinführung im Januar 1993 kam er nicht zu Fuß, wie Jimmy Carter, oder in der Luxuskarosse, wie Ronald Reagan, sondern im Omnibus, und zwar mit Start in Monticello, dem einstigen Landsitz Jeffersons – der Omnibus als Symbol für das Vehikel Amerika, in dem alle Rassen und Klassen Platz haben, Monticello als der Geburtsort der großen Idee dahinter.

An einem einfachen Pult, das heute wie eine Reliquie verehrt wird, hat Thomas Jefferson – umgeben von den sanften Hügeln Virginias, seinen Obst- und Blumengärten und seiner umfangreichen Büchersammlung – die amerikanische Unabhängigkeitserklärung niedergeschrieben: »Wir halten diese Wahrheiten für ausgemacht, daß alle Menschen gleich erschaffen wurden, daß sie von ihrem Schöpfer mit gewissen unveräußerlichen Rechten begabt wurden, worunter sind Leben, Freiheit und das Bestreben nach Glückseligkeit.«

Unter einer schlichten Grabplatte wurde einer der beliebtesten US-Präsidenten, John F. Kennedy, auf dem Nationalfriedhof von Arlington bestattet. Neben Tausenden von Soldaten ruhen hier auch die Generäle, die Amerikas weltweite Schlachten gewannen. Jahr für Jahr pilgern Besucherströme zu dem 1864 entstandenen »Arlington National Cemetery«.

Der Text der Unabhängigkeitserklärung aus dem Jahre 1776 dient den modernen demokratischen Verfassungen in aller Welt als Grundlage. Die hehren Vorgaben mußte Amerika aber erst erkämpfen. George Washington erreichte die Unabhängigkeit von der britischen Krone; Thomas Jefferson setzte die Glaubensfreiheit durch. Abraham Lincoln führte einen blutigen Bürgerkrieg für die Sklavenbefreiung. Franklin Delano Roosevelt trug die amerikanische Freiheitsidee auf die Schlachtfelder Europas und Asiens. John F. Kennedy versuchte, die Schwarzen in die Gesellschaft einzugliedern. Durch ein Gesetz, das die Afro-Amerikaner im Staatsdienst bevorzugt, hat er aus Washington eine überwiegend schwarze Stadt gemacht.

Allen fünf wurden in Washington Denkmäler gesetzt. Dem Staatsgründer haben die Amerikaner einen Obelisk errichtet. Der Blick von der Spitze ist majestätisch. Thomas Jefferson erhielt eine Art Tempel über dem Potomacfluß, im Frühjahr eingerahmt von der Blüte der japanischen Kirsche. Abraham Lincoln ist besonders kolossal geraten: Sein Monument verliert das Grobe in der sanften Nachtbeleuchtung. Die Gedächtnisstätte für Franklin D. Roosevelt ist erst im Entstehen. Es sei denn, man betrachtet die gußeiserne Soldatengruppe als sein Symbol, die Amerikas Fahne über Iwo Jima aufrichtet, wo die Schlacht im Pazifik entschieden wurde. Zu John F. Kennedy pilgern die Massen über den Potomac hinauf zum Arlingtonfriedhof – ein Volksheld unter Heldengräbern. Ausgerechnet dieser zivile Präsident hat seine letzte Ruhestätte in der Nähe des Pentagon gefunden, jenes fünfeckigen Monstrums, das die Militärmacht Amerika repräsentiert.

Kaum ein anderes Bauwerk symbolisiert eindrucksvoller die militärische Großmacht USA als das Pentagon, das fünfeckige gewaltige Gebäude, in dem die rund 30 000 Mitarbeiter des Verteidigungsministeriums untergebracht sind (oben). An die entscheidende Pazifik-Schlacht im Zweiten Weltkrieg erinnert das Iwo-Jima-Denkmal. Auf einem Berg über der gleichnamigen Insel Japans ließen amerikanische Soldaten das Stars-and-Stripes-Banner wehen.

Eine Nation, die ihre toten Führer dergestalt ehrt, muß eine Hauptstadt in Kauf nehmen, die besonders an grauen Februartagen eine feierliche Friedhofsruhe ausstrahlt. Dieses Volk der Sieger mußte mit sich ringen, bevor es sich auch zu seinen Niederlagen bekannte. Das Vietnam-Memorial ist das neueste Denkmal in Washington, ein Einschnitt in die Erde und ein Einschnitt in den Stolz. »Kein Land in der zivilisierten Welt hat ein so einzigartiges Verhältnis zum Heldentum wie das unsrige«, sagt der Psychologe Jerome Bernstein, »unser Land wurde gleich in die Heldenphase der gesellschaftlichen Entwicklung hineingeboren, für Verlierer hatten wir keinen Platz.«

Ob Elitesoldaten oder Hubschrauber vor der Silhouette des Capitols, ob Ehrenwache auf dem Arlington-Friedhof oder die Denkmal gewordene Erinnerung an das militärische Fiasko in Vietnam – zahlreiche Facetten machen das – durchaus auch vor Ort als zwiespältig wahrgenommene – Bild der Weltmacht USA aus.

Mit der Hand auf dem Herzen oder zum militärischen Gruß erhoben und umsäumt von Sternenbannern findet der Nationalstolz in den USA recht ungebrochenen Ausdruck.
Die Justiz spielt in Amerika, vor allem durch die machtvolle Position des Supreme Court, des obersten Gerichtes, eine bedeutende Rolle. Der Supreme Court trifft Entscheidungen, denen teils verfassunggebender Rang zukommt.

Weltkriegs-Veteranen – Vietnam-Veteranen: Nicht nur den Tausenden Überlebenden oder den Familien der bald 60 000 gefallenen »GIs« in Vietnam hat das Debakel tiefe Wunden zugefügt. Die gesamte Nation fühlte sich in einen Schockzustand versetzt, der sich erst während der Reagan-Ära in ein neues Selbstbewußtsein wandelte.

Ronald Reagan gilt als der Präsident, der Amerika nach Vietnam wieder das Selbstvertrauen zurückgab ... und die Wiederkehr der Heldenverehrung. Bill Clinton hat es sich zur Aufgabe gemacht, nicht nur die stolzen, sondern auch die schwachen Amerikaner um sich zu scharen. Eine Regenbogenkoalition aller Klassen und Rassen schwebt ihm vor, Gleichheit nicht nur als Vorstellung, sondern als Tatsache. Da mag es ein Zeichen sein, daß neben Weiß und Schwarz nun auch das Braun der Mexikaner und das Rot der Ureinwohner in politische Positionen rückt. Im Kabinett tun sich Henri »der Schöne« Cisneros hervor und im Senat Ben »Nighthorse« Campbell. Das politische Antlitz Amerikas wird authentischer.

Als Integrationsfigur der unterschiedlichen ethnischen Gruppen trat Präsident Clinton an. Mit dem Beginn seiner Amtszeit zogen unter anderem Politiker mexikanischer und indianischer Abstammung in die Parlamente. Mit dem traditionellen Häuptlingsschmuck seines Stammes ritt der Senator Ben »Nighthorse« Campbell (links) in Washington ein.

Die farbigen Amerikaner rücken ebenfalls näher zusammen und wenden sich dabei ein wenig von Europa ab, nicht aus Abneigung, sondern um sich selbst zu finden. Die Leute im Weißen Haus müssen aufpassen, daß das Capitol nicht nur nach Amerika hineinschaut, sondern gleichermaßen in die Welt hinaus.

Das »farbige Amerika« wird sich seiner selbst bewußt: Sein Nachrücken in politische Positionen ist die überfällige Widerspiegelung der Bevölkerungsentwicklung. Daß die farbigen US-Amerikaner den engen Schulterschluß untereinander suchen, ist ein Ausdruck des neuen Klimas. Diese Konzentration auf ethnische Belange birgt aber auch die Gefahr, daß der Blick nach innen die Sicht auf die internationale Situation und Stellung der ganzen Nation im Zusammenspiel der Völker beeinträchtigt.

Dabei war es einmal angelegt als eine Art politisches Dach der Erde, jedenfalls in den Plänen des Hauptstadt-Architekten L'Enfant. Aus den Nie-
derungen des Sumpfes am Potomac ragt ein Hügel auf, den L'Enfant als
natürliches Podest sah für das Capitol. Von hier aus sollte sich die Kapitale
strahlenförmig nach allen Seiten entfalten.

George Washington und Thomas Jefferson – sein »secretary of state«,
damals eine Art Premierminister, heute vergleichbar dem Außenminister –
haben den Platz für die künftige Hauptstadt so ausgewählt, daß Jefferson
in einer Woche auf seinem Landsitz Monticello und George Washington in
einem Tag zuhause in Mount Vernon sein konnten. Sie wußten, daß zu
ihren Lebzeiten die Hauptstadt eine Bauruine bleiben mußte. Aber das
hat ihre Tat- und Vorstellungskraft nicht gelähmt. Besonders Jefferson
studierte die Stadtpläne europäischer Vorlagen – der Grundriß von Karlsruhe hatte es ihm so angetan, daß er Städtebauelemente von dort übernahm. Auch ein Goetheantlitz auf der Capitolfassade soll seinem Wunsch
entsprungen sein. Aber natürlich wollte er es nicht Weimar und Karlsruhe
gleichtun, sondern Rom, Paris und London. Das hat den Respekt seiner
Zeitgenossen, wie Alexander von Humboldt, gefunden, aber auch ihren
Spott.

1842 besuchte Charles Dickens Washington. In seinem Tagebuch heißt
es: »Nur aus der Vogelperspektive vom Dach des Capitols aus kann man
das Ausmaß des Stadtplanes erkennen, Boulevards, die im Nichts beginnen
und nach nirgendwo führen, dazu ein paar öffentliche Gebäude, denen die
Öffentlichkeit fehlt ... ein Grabmal für ein dahingesiechtes Projekt.«

Der damalige Präsident John Taylor hielt es nur gelegentlich in der
Hauptstadt aus. Er zog sich am liebsten auf seine südliche Plantage Sher-
wood Forest mit ihren 22 Zimmern zurück. Diese Flucht aus Washington
blieb eine politische Eigenart, besonders im schwülen Sommer. Die Wende
von der drittklassigen Stadt südlichen Stils zur emsigen Verwaltungszentrale nördlicher Prägung kam wohl mit der Erfindung der Klimaanlage.
Damit hat sich Washington dem schläfrigen Griff des Südens entzogen.

Von einer Freiheitsstatue in rund achtzig
Metern Höhe gekrönt, ist die Fassade des
Capitols eine Hommage an die Kulturge-
schichte der Welt: Von europäischer
Städtebaukunst und Architektur sichtlich
beeinflußt, soll auch die Goethe-Büste ein
Aperçu und ein Verweis auf den ideellen
Hintergrund der planerischen Ambitionen
Jeffersons darstellen.

Die in zwei Weltkriegen gewachsene Rolle der Machtzentrale schuf neue Baustellen. Die Fluchtlinien des großen architektonischen Plans von damals wurden zu Verkehrsadern. Die Schattenrisse der Metropole nahmen die Form von Glas und Granit an. Und im dichtesten Verkehr von heute kommt nur der Botendienst zu Rad schneller weiter.

Wie es sich für eine bürgernahe Hauptstadt geziemt, verschafft Washington dem Besucher leichten Zugang. Das stimmt nicht nur für das große Programm, sondern auch für die kleinen Zulagen. Sie vermitteln ein Gefühl für die Stadt am Potomac: der Jazzbrunch in der Corcoran Gallerie, die Lesestunde unter der Kuppel der Library of Congress, der Spaziergang über den Campus der Georgetown-Universität, die Fahrt mit der bequemen Metro, die Promenade auf der Embassy Row – der Straße der Botschaften – und der Besuch des OAS-Gebäudes. Es steht nicht weit vom Weißen Haus an der Constitution Avenue und verbindet einladende Eleganz mit geziemendem Ernst – mein Lieblingsbau in dieser Stadt der Herzeige-Architektur. Er dient dem Parlament der OAS, der Organisation Amerikanischer Staaten – nicht der Bundesstaaten der USA, sondern der Nationen von Kanada im Norden bis Chile im Süden – das eigentliche Capitol der neuen Welt.

Das Gebäude der Organisation Amerikanischer Staaten ist mein architektonisches Lieblingsgebilde in einem Umfeld ansonsten eher nüchterner Verwaltungsbauwerke. Faszinierend sind in seinem Innern der Aztekengarten und der Tropenpatio.

Im Zentrum der politischen Macht liegt auch das Zentrum des politischen Bewußtseins der USA. Hier konzentriert sich Bürgerwillen und -unwillen, hier protestieren Friedensbewegte oder Abtreibungsgegner, Frauenrechtlerinnen oder sozial Benachteiligte.
Das Holocaust-Museum spiegelt mit einer Fülle bedrückender Exponate die Greuel eines Regimes wider, an dessen Zerschlagung die Vereinigten Staaten einen wesentlichen moralischen und militärischen Anteil hatten.

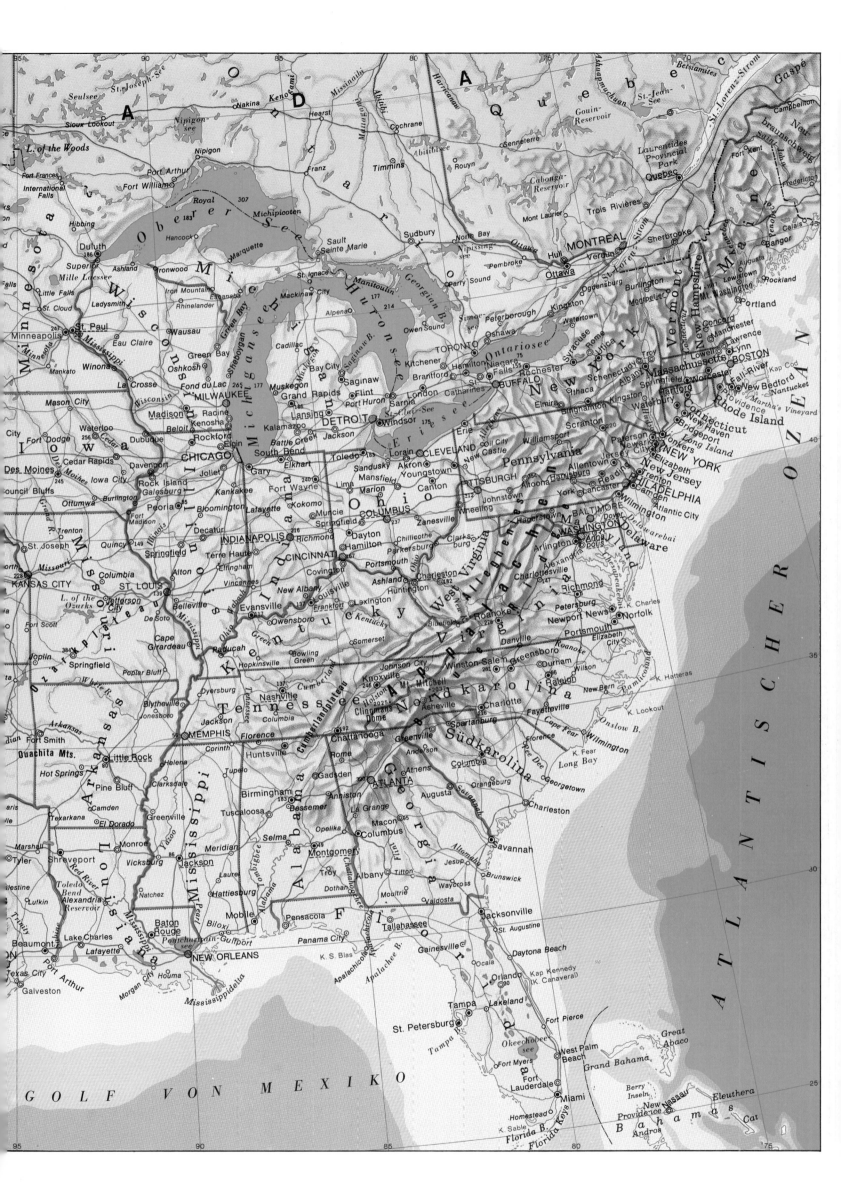

191

BILDNACHWEIS

Ague/Transglobe 1
David Ahrenberg/Tony Stone 1
Amthor/Ifa-Bilderteam 1
Archiv für Kunst und Geschichte 1
Baldev/Transglobe 1
Jane Beck/Smithonian Institution 1
Kul Bhatia/Transglobe 1
Greater Boston C&V Bureau 6
Paul Chesley/Tony Stone 1
P. Comp/Bildagentur Schuster 1
D. E. Cox/Tony Stone 2
Andras Dancs/Tony Stone 1
Department of Defense 3
Hansjörg Dittmer 15
H. Fauner/Transglobe 1
Ford Motor Company 2
General Motors 4

P. Graf/Ifa-Bilderteam 1
S. Griggs/J. Yates/Tony Stone 1
George Hall/Woodfin Camp &
  Associates 1
Harvard University 1
Ifa-Bilderteam/Chromosom 1
Imagefinders Inc. 1
Ladislav Janicek/Transglobe 1
Felix Kersting 9
Kronzucker-Archiv 25
Siegfried Layda/Transglobe 1
Library of Congress 1
Los Angeles C&V Bureau 7
Fred J. Maroon 8
Nasa 3
New York C&V Bureau 10
Annette Ostlaender 4

Dick Pietrzyk/Tony Stone 1
Tom Rider/Transglobe 1
Milan M. Schijatschky 68
Andreas Schwiederski 23
Jan Schulz 21
Mark Segal/Tony Stone 1
Juliane Stephan 2
U.S. Information Service 3
Walt Disney Company 10
Karina Wang 35
R. W. Weir/Zefa 1
Gerd Weiss 78
The White House 3
Ken Willinger 8
Wyoming Travel Commission 1